# 顺德龙舟文化趣谈

Dragon Boats in Shunde: From Anecdotes to Facts

甘慕仪 ◎ 主编

李健明 ◎ 编

世界图书出版公司
广州·上海·西安·北京

图书在版编目（CIP）数据

顺德龙舟文化趣谈 / 甘慕仪主编；李健明编 .-- 广州：世界图书出版广东有限公司，2023.6
ISBN 978-7-5232-0158-9

Ⅰ.①顺… Ⅱ.①甘… ②李… Ⅲ.①龙舟竞赛—文化研究—顺德区 Ⅳ.① G852.9

中国国家版本馆 CIP 数据核字（2023）第 016552 号

## 顺德龙舟文化趣谈
SHUNDE LONGZHOU WENHUA QUTAN

| 主　　编 | 甘慕仪 |
|---|---|
| 编　　者 | 李健明 |
| 责任编辑 | 程　静 |
| 装帧设计 | 书亦歆 |
| 责任技编 | 刘上锦 |
| 出版发行 | 世界图书出版有限公司 世界图书出版广东有限公司 |
| 地　　址 | 广州市新港西路大江冲 25 号 |
| 邮　　编 | 510300 |
| 电　　话 | 020-84453623　84184026 |
| 网　　址 | http://www.gdst.com.cn |
| 邮　　箱 | wpc_gdst@163.com |
| 经　　销 | 各地新华书店 |
| 印　　刷 | 广东信源文化科技有限公司 |
| 开　　本 | 787 mm×1 092 mm　1/16 |
| 印　　张 | 9.5 |
| 字　　数 | 101 千字 |
| 版　　次 | 2023 年 6 月第 1 版　2023 年 6 月第 1 次印刷 |
| 国际书号 | ISBN 978-7-5232-0158-9 |
| 定　　价 | 45.00 元 |

版权所有　侵权必究
咨询、投稿：020-84451258　gdstchj@126.com

# 《顺德龙舟文化趣谈》编委会

**指导单位：** 顺德区文化广电旅游体育局
　　　　　　顺德区乐从镇宣传文体旅游办公室
**支持单位：** 顺德龙舟俱乐部
**顾　　问：** 魏　伟
**主　　任：** 欧伟中　陈艳庄
**委　　员：** 曾　烨　谢甫胜　郑一玲　霍冠丽　王胜男
　　　　　　劳剑辉　綦恩周　黄秋芬
**主　　编：** 甘慕仪
**编　　写：** 李健明

# 前 言

龙舟是顺德人流动的图腾。它与祠堂、族谱一道，构成顺德人日常生活中的重要元素，是顺德人日常劳作、一生成长的有益指引，并推动美食传播、舟楫制作、水上运输、农商合作、运动健身等发展。

龙舟，因生活而生、因劳作而发展、因娱神而丰富，融合着久远时代古越人神秘的水道祭祀遗风和历代敬畏中原河神的风俗。千百年来，各种习俗与旧规的结合，形成顺德古朴斑斓、厚重典雅的龙舟风俗文化，寄托着人们远离灾害、迎祥纳吉、皆大欢喜的良好愿望，更由此推动一个村庄、一个乡镇、一座城市的文化特征与风俗习惯的形成。它们随时代的发展而融入人们的生活与劳作中，成为积淀深厚又与时俱进的地方特色文化，更在人们进一步的深化中成为一座城市的共同精神，指引着人们齐心协力、事不避难、奋勇前行、夺标折桂，有力推动一座城市继往开来，更上层楼。

因此，要认识顺德这座城市[①]，最简便的切入口就是美食与龙舟。美食让

---

[①] 顺德于1992年撤县建市，成为县级市，2002年并入佛山市，成为佛山市下辖的一个区。

人们认识到顺德人的柔中带刚，龙舟让人们认识到顺德人的刚中带柔。

美食的精致雅淡，是其背后严苛的选料与繁复的制作，唯有一丝不苟与精益求精，方可令人品尝到一桌美味。

龙舟竞渡中，人们看到健儿们乘风破浪、力拔山河、飞桨疾驰、勇夺桂冠，其勇猛刚毅的背后是躬身敬畏河神、祷告先祖、悉心张贴神符、带子嬉戏龙舟水、宴罢为儿女带上"龙船饭"等举动散发出的细腻柔情。那是千百年来一方水土滋润下人们敬畏天地、尊崇时空、珍惜亲情的柔性表达，是最富乡土气息的真情抚慰。因此，破浪飞驰、呐喊震天背后所蕴含的民俗与文化，才是支撑龙舟竞渡一路风驰电掣、折桂夺旗、转战四方、傲视天下的精神力量与文化基石。于是，我们开始漫长而琐碎的龙舟风俗与文化调研。

在走向水乡深处的采访中，我们才愈发了解到，划龙舟时的一声呐喊、写对联时的一笔一画、点睛时的先左后右、转龙头时的规矩、焚香时的喃喃祝福、龙舟"采青"时的明暗鼓点、两龙相遇时的拱手作揖、赛龙夺锦后绕村一周的深情谢意，无不蕴含着深厚的历史积淀与民俗风情。因此，我们手记笔录、反复探寻，走访老人、咨询知情者、请教专家，锱铢衷辑，力免错漏。

在整个走访和编写过程中，我们得到顺德区文化广电旅游体育局的大力支持，从资金的支持到方案的设定与专家评审，无不一丝不苟、科学理性，令全书的推进顺利快捷。顺德区乐从镇宣传文体旅游办公室为本书提供大量珍贵的资料与图片，令本书内容更丰富。众多力量形成的合力，使本书按期完稿，期待能为大众提供一份清晰完整、条理分明的顺德龙舟文化阅读文本。

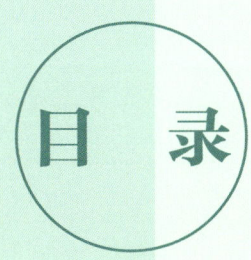

# 目　录

## 第一章　人文源流

第一节　龙舟概述 …………………………………… 002

第二节　端午风俗 …………………………………… 006

第三节　龙母传说 …………………………………… 012

第四节　"起龙"仪式 ……………………………… 018

第五节　完善细节 …………………………………… 022

第六节　扒龙舟必去之地 …………………………… 025

第七节　"歌标"古风 ……………………………… 027

第八节　"游龙拜帖""欢迎柬"与"龙船符"…… 029

第九节　树叶与祝福 ………………………………… 031

第十节　龙眼点睛与太阳崇拜 ……………………… 032

第十一节　拜祭龙母 ………………………………… 038

第十二节　龙船饭 …………………………………… 040

第十三节　犒赏龙舟 ………………………………… 044

第十四节　藏龙 ……………………………………… 045

第十五节　龙船会 …………………………………… 047

## 第二章　龙舟竞赛

| 第一节 | 竞赛形式 | 050 |
| 第二节 | 区内赛与通天埠 | 053 |
| 第三节 | 竞赛类别与龙舟类别 | 054 |
| 第四节 | 器材要求 | 056 |
| 第五节 | 参赛人数 | 058 |
| 第六节 | 比赛规则 | 060 |
| 第七节 | 5人龙舟赛 | 062 |
| 第八节 | 放头 | 064 |
| 第九节 | 转舣 | 066 |
| 第十节 | 赛龙夺锦 | 067 |
| 第十一节 | 得胜归来 | 070 |
| 第十二节 | 竞赛历史 | 073 |
| 第十三节 | 顺德女子龙舟队 | 078 |
| 第十四节 | 中国龙舟大奖赛落户顺德 | 079 |
| 第十五节 | 历年战绩 | 081 |
| 第十六节 | 集体荣誉 | 089 |

## 第三章　彩龙竞艳

| 第一节 | 彩龙象征 | 094 |
| 第二节 | 河道与风俗 | 097 |
| 第三节 | 小神楼 | 099 |
| 第四节 | 船尾花卉 | 101 |

  第五节 鼓手与唢呐手……103

  第六节 绚丽罗伞与旗幡……105

  第七节 彩龙颜色……107

  第八节 "龙虱"游艺……109

  第九节 龙舟制作技艺与风俗……111

  第十节 容桂龙舟雕刻技艺……121

  第十一节 勒流富裕非遗龙舟仔……123

  第十二节 陆地龙舞……125

  第十三节 龙舟说唱……127

## 第四章 地方精神

  第一节 龙舟风俗特点……130

  第二节 龙舟风俗与顺德文化……135

  第三节 龙舟文化与顺德发展……137

  第四节 龙舟精神的当代价值……139

## 参考文献……**141**

## 后　记……**142**

# 第一章

# 人文源流

## 第一节

# 龙舟概述

### 一

汉代或以前,顺德大多区域为一片汪洋。人们凿木为舟,游弋四方。汉代刘安(前179—前122年)讲"越地幽昧而多水险,其人皆习水斗",也可知出此处土人善水好斗。

《顺德县志》记载:此地"龙舟之斗,多聚少年勇健者,既相尚以力,易致争斗,故官每禁之。"好斗古风,清代仍存,不难看出古越悍猛余绪。

秦汉时期,南越地区已经拥有先进的大型船只制作技术。据《广府文化源流》介绍,汉武帝曾派出船队从广州运输货物,"经徐闻、合浦出海,到达马来半岛、缅甸、印度半岛南部,直到锡兰(今斯里兰卡)。这标志着海上丝绸之路的初步形成。自汉代以后,以番禺(今广州)为起点的海上丝绸之路上的东西方贸易不断发展,历久不衰,在世界文明史上占有重要地位。"

因此,从汉代开始,人们制作舟楫,纵横江河。不过,在乡间,人们大多将船头制作为鸟形,称"鸟舟"。

古人认为,神鸟是在天空自由飞翔的神物,是沟通上天与万物的神秘灵物。故人们将神鸟形象雕作为舟楫头,祈求神鸟护佑。

在广州南越王宫博物馆陈列的汉代船纹铜提筒纹饰中,首尾两端翘起的大船,船头立以海鸟,四周布满鸟、龟、鱼,但船头未见龙形,可知在南越王时期,原始部落仍以神鸟作为他们舟楫的守护神。

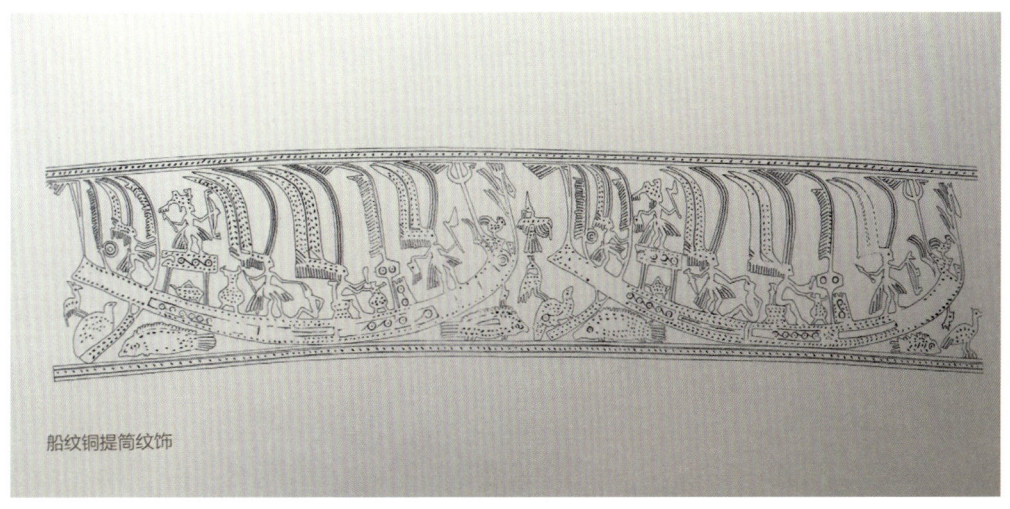

船纹铜提筒纹饰

◎ 广州南越王宫博物馆陈列的船纹铜提筒上,清晰刻画着水鸟形状(图片来源:南越王宫博物馆画册)

## 二

秦汉以后,龙舟开始出现,但作为权力象征,主要运用在宫廷内。这一制度直到唐宋时期才开始有所松动,尤其是南宋时期,龙舟竞渡从宫廷进入民间,乡间龙舟竞渡逐渐兴盛。

人们通过龙舟竞渡,避邪、祛灾、驱毒,更奋勇争先,勇夺冠军,以迎吉、纳祥、安顺、康健。

明代初期,龙舟竞渡逐渐流行于顺德,明代顺德伦教文人梁元柱（1581—1629年）在少年时"曾观竞渡"。

清代,顺德龙江龙舟竞渡最盛。史书记载:"龙江五六月斗龙船。劲旅相争，势均力敌，夺冠者需不断淘汰对手，才能继续争锋，不断升级，最后力挫群雄，才可夺锦折冠，举杯痛饮。此风遍及顺德各乡村。"康熙十四年（1675年），杏坛北水村"压尽群龙"牌匾如今仍安放在西山庙中，印证当年龙腾水乡的精彩片断。

近现代以来，龙舟竞渡逐渐融入娱乐、比赛、竞艳色彩，充满紧张、热烈、喜庆、祥和气氛，成为乡村热闹又欢快的大型活动。

◎ 第十八届亚洲运动会龙舟赛颁奖：升国旗　奏唱国歌（顺德龙舟俱乐部供图）

龙首竞渡活动有效带动乡村商业发展与产业融合，成为人们交流信息、消弭误解、合作并进的无形平台，激发合作共赢、百折不挠、勇夺第一的龙舟精神，形成拉动乡村风俗、文化、经济整体发展的有效动力。

## 三

　　龙舟是顺德民间影响力最深远、广泛的竞技与民俗活动。龙舟竞渡锤炼出大批一往无前、奋勇夺标的划手[①]。英才发明顺德桡法，科学高效，令龙舟好手们拔旗夺标、过关斩将。顺德龙舟队最终成为国内龙舟比赛中的一支劲旅，在世界大赛上为国家赢得荣誉。围绕龙舟形成的斑斓古朴、积极上进的龙舟文化，经千年积淀与提炼，如今已上升为当代"顺德精神"。

　　因此，从村中家族水上竞技到打造城市文化品牌，再到成为国际体育竞技项目，龙舟走过一段漫长而艰辛的道路。人们在龙舟运动中传承与弘扬传统技法，对保存悠久的风俗，丰富与深化当代城市文化，都发挥出不可或缺的作用。如今，以龙舟竞渡为核心的龙舟风俗与文化，已成为人们认识顺德历史风俗、触摸顺德文化精神、理解顺德当代发展的最佳切入口。因此，认识顺德，可从龙舟开始。

---

① 划龙舟的人称为划手。

## 第二节

# 端午风俗

### 一、五月认知

在中国传统文化中,"数起于手"。古人用手指从"一"数到"五"后,需要漫长的时间才能从"五"的固有思维中转换到"六"这个概念的构想与认知。在这个过程中,他们充满对未知的好奇,也对离开熟悉的思维空间产生无边的恐惧与无助。他们幻想永远停留在"五"的所有传统中,但生产力的进步与内心的需求又迫使他们不断走向"六"。因此,在文化上存留下对"五"的各种复杂微妙而又混杂痛苦与愉悦的记忆,也导致人们对"五"产生各种解读。

农历五月在春夏交替的时段,古人根据对"五"那痛苦而困惑的残存记忆,认为此时"日长至,阴阳争,死生分"。夏日的太阳与春天的阴气相互争夺。万物,包括人类,都在两种气息的交缠搏击中争夺潜在的生死存亡。因此,古人对五月格外重视与避讳。

在顺德,不少民间谚语和行为都折射出人们对五月的忌讳,如五月不建房拆舍,避免结婚、搬家等。古人在大自然面前的无力抵御与刻意回避可见一斑。于是,各种应对方式相继诞生。

## 二、粽子

远古时代,角黍出现。从饮食文化的角度来看,它是粽子的原型。黍为中国北方农作物,于农历五月成熟。

人们把菰叶包上农历五月刚从地里打出来的黍米,制成牛角状包裹性食品,祭祀先祖。牛角为模拟性制品。因《周礼》规定祭祀礼仪中牛、羊、猪齐全为"太牢",属最高等级祭祀;以羊、豕作牺牲,称"少牢",规格低于"太牢"。

◎ 进入农历五月,乡民开始祭祀各处神灵,祈求安顺

◎ 明亮的灯笼折射出人们对安宁生活的憧憬与珍惜

在古代，牛为耕作主力，人们不忍宰杀，以牛角状食物代替牛，故有"角黍"一名。此风后传到南方，人们以当地大米代替黍米制成粽子。人们以柊叶、菰叶包裹大米制作粽子祭祀河中水鬼凶鱼。因柊叶、菰叶皆以水为生，为阴性植物；大米生于陆地，为阳性果实。粽子里阴阳交融，暗含夺阴取阳、争正去邪、离死获生的文化意象。

至于屈原与粽子的关系，那是后来的故事，也反映出楚地以粽子祭祀河神的悠久古风。岭南长期深受楚国文化影响，用大米制作粽子，顺理成章，渐成风气。

同时，道家文化在汉代逐渐南移，在日积月累中深入到顺德水乡深处，形成遵时崇节、守本循真、乐天知命、同类相生、简朴淡雅的民间文化与风俗。人们在农历五月初五遵循道家的地腊节仪式，茹素祭祖、驱魔逐邪，后将龙舟竞渡与裹粽祭祀相融合，形成深具地方特色的五月龙舟文化风俗。

## 三、艾叶与菖蒲

古人治病缺乏技术与物料。人们偶尔发现太阳光聚焦冰块，可令其融化。于是，寒冬时节，他们在冰块下放置一片艾叶，将太阳光通过冰块聚焦艾叶上，令其燃烧，更认为取火于天可驱邪去病。艾草作为中介，至关重要。它为纯阳药草，可治众病、理气血、逐寒湿，与刚从暮春走出踏入初夏的人们寒湿凝重、气血未足的身体需求正好吻合。因此，艾草得天地阳气、醇深厚正，最得人们钟爱。

人们在农历五月将艾草悬挂于门前，既取其纯正药性，更撷其纯阳物性，除病去疾、辟邪消灾。拥有独特的药材身份与奇妙治疗价值的艾草，有"百草之王"之称。因此，人们于门前悬挂艾草，一物多用。

此外，艾草外形状若道家七星令旗，隐具杀伐神功，民间就有"清明插柳，端午挂艾"的风俗。艾叶也成为农历五月端午节前后不可或缺的药材。

古人认为："尧时，天降精华于庭，化作韭，感百阴气，成菖蒲。"因此，菖蒲为阴气所生。后来，人们将农历四月十四定为菖蒲生日。菖蒲性耐苦寒、安淡泊，玉立秀隽、飘逸俊雅，防疫驱邪、去蚊灭虫，深受古人青睐。人们将菖蒲、兰花、水仙、菊花并称为"花草四雅"。

菖蒲叶形似剑，道家推崇其为斩妖利器。古人常有服食菖蒲，得道成仙的传说。因此，道士炼丹，常以菖蒲作药引，民间更是在端午前于门窗悬菖蒲、畅饮菖蒲酒，以避邪防疫。夏秋深夜，人们燃烧菖蒲、艾叶，驱蚊灭虫。艾草与菖蒲融合为"艾旗迎百福，菖剑斩千邪"的神妙组合，杀魔斩邪、保家护宅，深得乡民信赖。乡民坚信，门窗悬此二物，邪去晦离、祥来吉纳。

## 四、雄黄酒

端午前,人们将雄黄碾磨成粉,以白酒或黄酒浸泡,成雄黄酒。雄黄可解毒杀虫,令蛇蚁远离。

雄黄为矿物,俗称"鸡冠石",即四硫化四砷($As_4S_4$),含汞,有毒。小孩不宜入口,大人以雄黄酒调朱砂点小孩额头、胸口、手心,更以小纸包裹雄黄细沫及道符一张,嘱咐小孩好生佩戴,因雄黄可令"腹中三虫皆伏尸而去,使人有威武"。农历五月,蛇虫丛出,雄黄点额,虫消灾灭,令人们坚信不疑,流传至今。

如今,农历五月时节,顺德人将雄黄酒洒于墙角、床底、花园、走廊,以驱虫辟害,渐成风俗。

## 五、五色彩线

昔日端午期间,顺德乡间各处仍流行"五色彩丝系臂"的古风。人们"结五色丝为索,索小儿之臂,男左女右,谓之长寿线"。这一源于汉代的风俗,以五彩丝线"辟鬼及兵,令人不病瘟"。此五彩,为青、赤、白、黑、黄,对应五方,其中黄色最重,对应土地;五色也含金木水火土,五行交错,生生不息,更可驱邪避晦。顺德乡间女孩以五彩丝线缠臂,折射出她们对生活的深情向往。

## 六、五色粥

端午前后,人们常用绿豆、红豆、赤小豆、花生、扁豆煲一锅粥,寓意"五行相生、阴阳互通、彼此交融、万物祥和",更能消暑解渴,又可以化邪去瘴、迎吉纳祥，一举多得、皆大欢喜。

五月虽充满各种不确定性，但顺德乡民以充满草根色彩的方式去抵御、抗击各种潜在危险。他们在坚守迎吉纳祥、去病辟邪原则的同时，不断融入对美好生活的憧憬，并渐渐褪去五月那令人心颤的灰色，换上明媚的淡绿色，看到生机和希望。

## 第三节

# 龙母传说

### 一、龙母崇拜

顺德为水网交错处,河中巨鳄、毒蛇常袭击水上往来的人们。顺德人也常泛舟远方。他们不时担心自己能否一帆风顺、满载而归。于是,他们开始寻求河中神灵与管理河涌的神明以作护佑照应,日久天长,形成斑斓古朴的水上神灵崇拜风俗。

顺德人除供奉北帝、洪圣大王、华光大帝、天后外,还引入各地灵验神明,如关帝、康公、彭公、药王等,以安慰那无助而迷茫的内心。人们崇敬的龙母就是个典型范例。

顺德一带以前蛇蟒满布,往往成为人们水中劳作的头号杀手。人们为自保,满身涂画鳞片,期望通过这种方式取悦它们,逐渐将它们奉为图腾,后更上升为神明。日久天长,各种神灵与地方风俗经过深度融合,逐渐形成神龙崇拜传统。

神龙进入权力与制度空间后,最终上升为这一空间最高掌权者——皇帝的象征。而在民间,龙蛇则神化为施福送惠、防洪抗涝的神灵。于是,一位

◎ 在水乡顺德，神龙的形象无处不在，体现人们对它的敬畏与崇拜

普通女性通过人们对故事的叙述、轶事的传承、神话的制造，最终成为万人景仰的神明。她就是人神相融的龙母。

## 二、龙母传说

龙母本姓温，相传为广西藤县（今属梧州市）人。她生长于战国时期。父亲宦游南海，娶今德庆县（属肇庆市）梁氏女子为妻，生三女，龙母排行第二。她独具消除水患、去邪避凶神奇技能。从秦代开始，朝廷一直为她封爵，最后成为"龙母娘娘"。道教南传后，她成为"水府元君"，统领所有江河，被奉为道教正神。

## 三、龙潭龙母庙

相传,南宋咸淳年间(1265—1274年),在西江上游悦城(今肇庆市德庆县)龙母庙内的龙母娘娘深感寂寞,于是缩小身体,跳到江面一根木头上,顺江而流,辗转来到如今杏坛镇龙潭村。刚巧,龙潭人陈德公在捕鱼时,顺手将木头捞起。他看到是无用木头,就随手将木头丢向河中,但木头始终流回。反复如此,陈德公连一只小虾都捞不到。他深感焦虑,对木头说:"木头啊,木头,请你不要这样。如果你有灵,就保佑我捞到鱼虾,

◎ 龙母庙

我马上将你供奉起来。"说来神奇，话音刚落，陈德公立马鱼虾满网。他大喜过望。晚上，他在梦中才知这是龙母娘娘显灵。瞬间顿悟的陈德公马上筹资为龙母搭建庙宇，诚心供奉。从此，龙母庙成为顺德历史最久远的龙母祭祀地。

天长日久，人们将龙眼点睛日定于农历五月初三。因道家认为：万物源于一，分化为三。三为阴阳所生，为天、地、人三者最微妙的生命要道，也是衍生万物的开始，属阳。龙眼点睛，睛点朱砂，即获生命。

后来，顺德人将农历五月初八定为龙母诞。农历五月初八的八，源于地数二，变于六，正于八，属阴，有历经沧桑终归一统的含义。以阴性最高等级的数字去安置其诞辰，突出其"水府元君"的崇高民间地位。于是，农历五月初三的龙眼点睛和五月初八的龙母诞构成微妙呼应的阴阳对应关系。

农历五月初八，无论新旧龙舟，都要前来恭贺拜祭龙母，彰显她作为所有龙舟母亲的崇高地位。她与点睛的太尉庙享受同样的祭祀等级，反映出顺德水乡深处女性不可低估的地位。

## 四、深厚的女性文化

顺德一直是水网交错的村落。河水将陆地分割，形成相对封闭的劳作与生活空间，外来文化难以直接且全方位进入这些区域。因此，不少地方仍保留古老的文化与风俗痕迹。

自梳女就是个典型例子。她们终身不嫁、侍奉父母，以此保持自主选择婚姻形式的权利，形成与中原正统观念相异的风俗，却获得来自家庭和社会的支持。这一点可令人感受到远古时代女性为主体的社会发展形态痕迹，也为顺德保存下源自古代的古朴民俗。以独立个体的身份赴城市打工或海外谋生的自梳女，为顺德的经济产业发展提供不可替代的女性力量。

◎ 可自主选择婚姻状态的自梳女，体现出乡间女性不可低估的文化力量

在乡间的神灵崇拜中，充满母性色彩或敬畏柔性文化的风俗随处可见。勒流众涌天后宫、龙山观音阁、容桂白莲池、均安十二奶娘庙，以及各处的刺绣女神庙、娘娘庙、金花夫人庙、蚕姑庙、太婆庙，无不体现出人们对女性神灵的尊崇与敬畏。

从现实中的女性到神明中的女神，形成一条与以男性为主体的清晰主线平行的女性暗线。女性神明与男性神明分别占据历法中的不同节点，引导人们从事劳作与祭祀，力所能及地庇佑村民多子多福、强身健体、出入平安。

乡村大姐与庙中神明相融合的形象，令女性文化在乡间得以一直延续。她们真诚、悉心、细致、柔韧，为人们提供一片温柔、安全、舒适、欢愉的心理后方，充分体现出身处各自分割的小村庄中的顺德人"心安即是家"的实用哲学与人生追求，以及竭尽全力地与大自然和谐共处以求安宁的文化心态。一直隐藏于乡中的女性文化与神明祭祀风俗，成为顺德这片区域充满柔性而淡雅的文化底色，令这片土地历经疾风骤雨、沧海桑田，依旧"润物细无声"，清风明月总相随，让所有民众在不同的区域都能寻觅到属于自己的安宁而愉悦的文化空间。

## 第四节

# "起龙"仪式

每年农历四月初八浴佛节,多为村中"起龙"(龙舟)大日子,所谓"四月八,龙船①到处挖"。村中乡民选好潮涌吉时,敲锣打鼓,燃点鞭炮,在深埋龙舟的小河埠头摆上祭品,焚烧金银纸。村中选出的壮汉们静立河边。

◎ 河中起龙(顺德龙舟俱乐部供图)

---

① 即民间对龙舟的另一种叫法,如本书中的"龙船符""龙船饭"等。

吉时与涨潮时间重合的"起龙"时间，既代表人们对天时的尊重与对河神的敬畏，也因龙舟将离开河底于河上行舟后化身为河涌的守护神。因此，龙舟必须获得河涌中各种水神的认可与护佑。而遵从涨潮时间跃出水面的龙舟，自然要获得来自上天和水中力量的支撑。可见顺德人对天时地利的敬畏与遵循。

祭祀仪式后，村中族长一声命令，壮汉们立马大声呐喊，争先恐后地奋勇扑往冰凉刺骨的河水中。他们必须要在村中老人选好的时辰之前完成所有程序。因此，他们毫不犹豫，快速潜入河中，寻找龙舟。

他们在河泥中细心挖寻，不时从水中跃出并将河泥敷在身上，满身黝黑。乡村古老风俗认为，这些沾满龙舟神威的河泥可为他们带来无尽祥福。

他们不约而同找到龙舟后，彼此大声相呼。在经验丰富的壮汉指挥下，他们有条不紊地从不同方位潜入水中，合力挖掘泥中的龙舟。

◎ 起龙（顺德龙舟俱乐部供图）

此时,岸上乡民早已聚于两岸边,目睹这一年一度最隆重而神圣的"起龙"瞬间。随着龙舟从河中露出边角,锣鼓声更紧促而欢快,爆竹声更频繁而密集,大家都注视着河中壮汉们在相互配合中将深埋一年的龙舟缓缓起出。

看到龙舟身渐渐地露出水面,岸上人们大声欢呼,热烈鼓掌,鞭炮声与锣鼓声越来越热烈而喧闹。壮汉们深受鼓舞,也齐声呐喊,合力将龙舟完全抬出水面。此时,人们大声叫好,锣鼓声与鞭炮声热烈而有序地进入高潮,深受鼓舞和激励的壮汉们早已忘却河水冰冷,兴高彩烈地将龙舟缓缓请到岸边。

◎ 鞭炮声中起神龙(顺德龙舟俱乐部供图)

鞭炮与锣鼓继续齐鸣，主持人在岸边焚烧祭品，朗声告慰神明："起龙"仪式，大功告成，感恩护佑！壮汉们大声呐喊，人们掌声不断，场面热烈欢快，充满胜利的喜悦。

农历四月初八暗含传统哲学的意味。龙舟潜入河中，化作泥土中的社神（土地神）与水道中的河神，为阴性神灵。因此，"起龙"时间为农历四月初八，四为地数，八为地数极限，符合其身份，也彰显其不凡地位。

龙舟请出后，在锣鼓声中，乡民将其恭送到村中庙宇或祠堂中，与龙头、龙尾[①]聚首。

---

① 即龙舟的尾部。

## 第五节

# 完善细节

"起龙"后,不少村庄都要完成"采青"这一流程。人们将龙舟恭请到附近青草地上,装上龙头、龙尾、龙牌和神楼,同时,将黄皮叶和龙眼叶插到龙头和龙口中,此为"采青"。实则是将神龙还原为土地守护神的身份。树叶是让其获得来自天上雨露与地上生命力的委婉表达。

不少地方在祠堂中摆放鲜花、水果、烧肉等祭品。主持人将神符贴在龙头、龙身、龙尾、罗伞、龙舟鼓上,以祈求神明登堂入室,附着龙身,保佑龙舟安顺。同时,主持人以柏树叶沾上清水,洒向龙身和四周。人们喜迎甘露,以求龙舟水带来吉祥。随后,主持人融合鸡血、朱砂、白酒,为龙眼点睛,获得来自上天神力的龙舟正式成为独具威力的神龙。

吉日,人们将龙舟划向大河中,到稻田处采摘碧翠的水稻,放在龙舟上,寓意"采青"。顺德大多数地方没有水稻,人们就以树叶代替,更符合远古时代神龙作为社神口衔树木的古老形象。

"采青"前,人们用鼓槌敲打龙舟鼓的鼓面侧边,此为"暗鼓",低沉而缓慢,象征着尚未获得苍天灵气的龙舟低调而卑微的身份。采得树叶或水稻后,鼓槌敲打鼓面,此为"明鼓"。节奏分明、铿锵有力,彰显着龙舟获得来自天地的灵气后元气饱满、神气活现的气质。

在风和日丽的日子,人们请出龙舟,为它清洗河泥、刮净苔藓;随后,恭请到树荫下,让清风缓缓吹干身上湿气,令船身稍稍变轻。同时,检查破

◎ 转动龙头好运来

损处，及时修补和完善，如填补坑洼和拉紧龙筋；风干后，抹上桐油或上漆和添色彩，令其光亮如新，更可利水破浪、轻快便捷。

不少乡村仍保留神龙口中放置白米饭的遗风。乡民将在祭祀时以熟饭放置去世者口中的古风转移到神龙身上，实则是融神龙与先祖或亲人的身份为一体。龙舟在整个端午期间口中一直残存白米饭，反映出人们对神龙可庇佑他们一切的深切期盼。

村中一般还有请龙和转龙头风俗。乡民在涨潮时分恭请龙舟下架，主持人虔心祈祷恭请祠堂神明降临龙身，令神龙元气充盈、百害不侵。人们在庙里上完香后，将龙头、龙尾请出，燃香祈求叩拜，祈求风调雨顺。大家燃放鞭炮，由主事者指挥安装龙头、龙尾，静待破水出龙。

如今，顺德村中有很多超过百年的老龙头。它们无不目光如炬、神采飞扬，时刻准备带领划手们乘风破浪、赛龙夺锦。

龙舟破水后，划手们在教练指导下，在工作之余紧张训练。每天黑夜，他们在村中河道上齐心划桨，相互配合，以求默契、无懈可击。不过，家中遭遇不祥者不得上船，更遑论参赛夺锦。如此规则，无非祈求神气圆满、彼此相生、一帆风顺、无往不利。

## 第六节

# 扒龙舟必去之地

水网密布的顺德，遍地鱼塘河涌，农民每天划艇到处割草喂鱼。为调剂艰苦沉闷的划艇割草生活，他们结队出发、结伴回程，路途中往往打趣比赛，输者要洗艇。久而久之，大家练就出强劲臂力，在比赛中更具优势。

◎ "鉴江竞渡"名入清代凤城八景，为顺德端午重要民俗。如今，人们仍挥桨鉴江，延续古风（顺德区大良街道宣传文体旅游办公室供图）

晚清，顺德评出"凤城八景"。其中，"鉴江竞渡"被列入八景。每年端午，人们在鉴江河上奋力竞渡，伏波桥上、鉴江岸边，观者如潮、呐喊震天、彩旗飞扬、水花四溅，为大良最热闹场景。金榜社区的划手们因常年挥桨远去收割青草、喂养奶牛，练就一身强劲的爆发力与持久的耐力，故能屡屡一马当先，折桂夺标，"金榜扒仔"，名声远播。

在锤炼出大批专业桡手的同时，龙舟游弋的时间和路线也逐渐形成。在今大良街道①，人们规定龙舟初一扒东门（今大良街道云路村）、初二扒北门（今大良街道北区社区）、初三扒龙眼（今勒流街道龙眼村）、初四扒旧寨（今大良街道旧寨村）、初五扒大良（今大良街道办事处）、初八到龙潭（今杏坛镇龙潭村）拜见龙母，分别完成龙舟祭祀、敬神、施惠、赐福、驱邪、共乐等程序与功能。

乡间千百年间形成的龙舟路线与时间，构成龙舟竞渡各种礼仪的细节与文化积淀，也成为乡村管理体系与民俗积淀。它们彼此交融互动，充满人性温情。

---

① 1993年，大良、德胜、伦教、勒流4个镇设街道。

## 第七节

## "歌标"古风

昔日乡村,龙舟竞渡前必张贴"歌标",寓意"高歌夺标",为举办龙舟赛时使用的独有歌谣。古时,人们搬运货物,不时高声呐喊,以此互相激励,奋勇向前,断续呼声,渐成口号,后为歌谣。"歌标"应为其当代遗存。

"歌标"结构自由,以三、五、七字为主体,间隔组合,一韵到底,融合乡间古朴歌谣,厚拙古朴,却朗朗上口,充满草根色彩,是研究地方语言的重要活化石。

龙舟竞渡前半个月,主持人邀请村中满腹经纶的秀才悉心撰文,将赛龙地点、时间、规则、奖品等制成"歌标"。"歌标"短则数十字,长则数百字,前言多由一首诗歌或一副对联浓缩而成,融合本村的地理风俗、产业经济发展和当下境况等。

"歌标"首先张贴在本村最注目处,成为农历五月龙舟竞赛的引子。"歌标"甫一张贴,马上就会吸引村中龙舟好手驻足观看和热烈讨论。同时,"歌标"随小船运送至各地,成为龙舟竞赛的通知与邀请函,也是本村效果特

别好的宣传和推广文本,更成为邀请不同村庄和城镇龙舟高手前来一决高低的英雄帖。

如今,一目了然的正式通知早已代替古雅的"歌标",但重新挖掘其文化意蕴,融入当今流行的文化交流形式,可令其重获新生,为龙舟竞渡增添一丝古雅气息。

## 第八节

## "游龙拜帖""欢迎柬"与"龙船符"

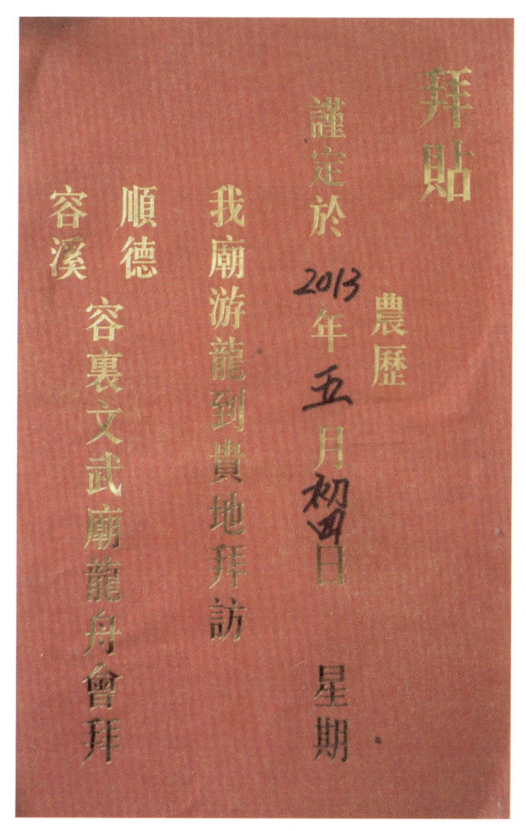

◎ 古风扑面的游龙拜贴

龙舟节期间，不同社坊的龙舟都会到各地有血缘关系或朋友关系的村庄互访。他们会制作"游龙拜帖"，一般会写上某日将会前来"游龙拜访，敬请接洽"等内容，派人提前送出。对方社坊接到拜帖后，往往深感荣耀，大多都盛情邀请，彼此相聚欢宴，更要"游龙"一番。久而久之，形成古老而淳朴的民间风俗。

龙眼点睛后，主持人会向客人递送一份"欢迎柬"。它是一张长13厘米、宽8厘米的红纸，上书"欢迎"二字，右下角印上古庙的名称，同时回赠米酒、水果、龙耳各一份。客人则回赠相应的礼物,但"龙船符"(贴在龙舟身上的神符)为必备礼物。"龙船符"为黄纸一张,上盖印章为"长命富贵""一帆风顺"等吉祥语或是龙舟所在的坊社名称。人们喜欢将"龙船符"送给小孩,缝入衣衫中,祈求他们一年安顺。不少人还将"龙船符"挂在汽车或手机上以祈求护佑平安、吉祥。

◎ 大家交换"龙船符",互送祝福

## 第九节

# 树叶与祝福

古时,村中重要的树木称为社树。社树的原神为句龙。句龙在天为星辰,指引民间耕作时令;在地为后土神,负责土地社稷、疏导河道、孕育万物,代表生命的孕育、诞生、成长。乡民总喜欢将龙眼叶、黄皮叶塞进龙口,表示将社神力量注入龙舟身上,寓意"生命不息"。此外,小孩会在母亲的指引下触摸龙须、龙眼、龙头,以祈求身强体壮。

◎ 神龙口中衔树叶,寓意"生龙活虎、四季常青"

## 第十节

# 龙眼点睛与太阳崇拜

农历五月初三子时，人们开始祭祀汉代太尉周勃①（？—前169年），隆重的龙眼点睛仪式拉开帷幕。大清早，点睛人将朱砂放入碗里，倒进米酒，毛笔化朱砂，供奉于太尉神像前，静待龙舟前来。

点睛人需长年跟随上一辈点睛老人锤炼技法，熟悉相关风俗，德醇艺精，大公无私，得到点睛前辈与乡人共同认可，方可担任。

前来点睛的龙舟需在太尉庙前庭赠送坊中制作的"龙船符"，以表敬意。太尉庙人员回赠其本家的"龙船符"以作回谢。

点睛龙舟分为新龙舟与旧龙舟，新龙舟以红布包裹龙眼。在太尉神像前，远道而来恭送龙头的乡民向主持女子叙述龙舟的来历，恭送烧肉一份、生鸡一只、水果一对，主持女子则向太尉复述一遍。此仪式完毕后，点睛人

---

① 周勃于公元前209年随刘邦起兵反秦，以军功拜为将军，赐爵"武威侯"。在随刘邦由汉中进取关中时，击赵贲，败章平，围章邯，屡建战功。楚汉成皋之战中周勃先留镇关（今陕西商县西北）重地，后率军投入成皋（今河南荥阳汜水镇）主要战场作战，与项羽正面对峙。他率军先后攻取曲逆（今河北完县东南）等地，占领泗水、东海两郡（今皖北、苏北一带），得22县。公元前201年受封"绛侯"。继因讨平韩信叛乱有功，升为"太尉"。刘邦死前预言"安刘氏天下者必勃也"。刘邦死后，吕后专权。吕后死后，周勃与陈平等合谋一举灭吕氏诸王，拥立汉文帝登基，后官至右丞相。公元前169年去世，谥号"武侯"。

◎ 点睛人倒酒入杯，研开朱砂，静待龙舟前来

掀开红布，边点睛边说："点开慧眼放光明。"新龙头点睛称"点开慧眼"，旧龙头前来不需红布，仪式同新龙舟一致。

龙眼点睛时，点睛人左手捧丹砂碗，右手拈毛笔，口中喃喃自语："吉祥如意，一帆风顺，国泰民安。"说话间，他就在龙眼、龙脊、龙尾等三处顺时针点上朱砂。

朱砂三道红点，意谓"三生万物，生生不息"。红色朱砂代表龙眼获得太阳神光。朱砂点到龙尾时，点睛人朝着龙尾上翘方向由下而上奋力划出，表示"一飞冲天，一帆风顺"。他高喊："一年顺到尾！"一直密切观察点睛流程的划手们每看到点睛一下就高呼一声"好！"，最后看到点睛人在龙尾处一飞冲天的强劲手势更是不约而同大喊"好！"。呐喊声响彻，体现出一股威武神勇、所向披靡的气势。

点睛后，划手们来到后座，即观音庙。他们祈求观音护佑他们逢凶化吉，更上一层楼，然后他们再到华光帝殿拜祭华光大帝。

◎ 龙头前来太尉庙，接受龙眼点睛（周沨聪摄）

◎ 等待点睛

◎ 点睛后的龙舟获太尉护佑，一帆风顺、踏鳌折桂、一飞冲天（周汭聪摄）

从进入到离开太尉庙，划手们在太尉庙、观音庙、华光庙构成的神圣空间里完成叩拜、点睛、祝祷的完整环节，获得成为制度化身的周太尉、慈悲女神观音、火神华光大帝等不同力量的护佑，令他们百毒不侵，无往而不利。

从太尉庙走出，他们护卫着三炷香燃点不灭。登上龙舟前，他们恭敬地将一柱香插在埠头以致敬水埠头神，一柱插在神楼香炉里中以感恩土地神，一柱插在龙舟上以敬奉神龙，最终完成土地、河神、神龙三者的敬拜程序。

龙眼点睛是五月龙舟活动中的重头戏。它令沉睡河中的龙舟重获神圣的力量，更使划手们在敬神、竞赛、游龙中精神振奋、一往无前。

点睛文化源自眼睛崇拜，而眼睛崇拜源于太阳崇拜。

◎ 人们来到太尉庙右侧的华光庙，拜祭华光大帝，以获护佑

眼睛在上古时代为日神代表。相传，古埃及的荷鲁斯，其左眼为月亮，右眼为太阳。印度日神苏里斯和中国古代神话人物二郎神的额头都有第三只眼，此为太阳的暗喻。

端午节，乡村小孩额点丹砂，能辟邪去晦，更深远的本源则与古人点开天目获取日神力量的传说一脉相承。

在古代中国的良渚文化[①]中，古人通过眼睛的各种造型，表达他们对太阳的崇拜。在神话体系中，眼睛逐渐上升为太阳的化身。

---

① 良渚文化分布的中心地区在钱塘江流域和太湖流域，而遗址分布最密集的地区则在钱塘江流域的东北部、东部。1936年发现的良渚遗址实际上是余杭县的良渚、瓶窑、安溪三镇之间许多遗址的总称，是长江下游良渚文化的代表性遗址。1959年依照考古惯例按发现地点良渚命名为"良渚文化"。遗址总面积约34平方千米。

龙眼点睛，就是人们通过点睛仪式，将太阳神力贯注到龙舟的双眼中，令其获得来自太阳的力量并苏醒。英国艺术史家贡布里希[①]说："原始艺术中，眼睛是一种普通性形象。它具有让人恐惧、尊神压邪的功能。"

因此，顺德民间也有醒狮点睛风俗，其源头也是古老的太阳崇拜。

朱砂点睛，能令龙眼光芒夺目，更因朱砂有养精神、安魂魄、益气明目、杀魅灭邪、镇恶斩鬼等作用。人们以其点睛，助神龙畅游江河，无往而不利。

因此，无论距离多远，人们都要来完成龙眼点睛仪式，实则传承神龙获取太阳力量的古老风俗，更可迎吉纳福。

◎ 来到水埠头，本村人负责给拜祭的龙舟敬送礼物，以表谢意

---

[①] Sir E. H. Gombrich，1909年3月30日生于奥地利首都维也纳，后移居英国并加入英国国籍，2001年11月3日逝世。

## 第十一节

# 拜祭龙母

农历五月初八,来自各地的龙舟聚汇于杏坛镇龙母庙前。中午 12 点,各方龙舟在龙潭河上巡游一周,以答谢河中神明与岸上乡民。随后,划手们卸下龙头、龙尾和龙牌步入龙母庙。他们以寿金、元宝、香烛、风车、水果、鲜花供奉在龙母神案前,三鞠躬,祷告祝福,感恩龙母一年护佑,期盼来年一帆风顺。

◎ 各种祭品用于表达人们对龙母的敬意

此时，信众纷至沓来、络绎不绝，但繁杂而有序。龙母庙虽香烟缭绕，人们却严循程序、进退有度。拜谢龙母后，他们恭领印有"龙母帅印"字样的毛巾、"龙母神茶"、"龙船符"等节日信物，纷纷捐献香油钱，庙祝为其敲响铜钟以送祝福，此称"开钟利是"。

◎ 敬拜龙母，以求一年四季平安大吉、天天满载而归（陈炳辉摄）

随后，他们回到龙舟上，安装龙头、龙尾和龙牌，举行龙舟贺诞。贺诞以彩龙为主，装饰华丽、彩旗飘扬的彩龙，龙牌、龙头旗、帅旗、锣鼓、罗伞、神楼、龙尾旗、倒吊花篮等一应俱全。所有彩龙进入大型水上彩龙竞艳活动。此时，观者如潮，万人空巷，为顺德水乡最欢快的盛况。

## 第十二节

# 龙船饭

比赛后,最热闹而充满喜庆的当属祠堂前地堂①摆起的"龙船饭"。掌勺者必为村中厨艺最精熟的男性。这一天是他展现一手绝活的大好时机。大锅旁,他时而抛锅、时而炒菜、时而号令,目送手挥、意气风发,成为龙舟宴的主角。

◎ 盛大的龙船饭(陈炳辉摄)

---

① "地堂"即一大片用来晒稻谷的平整之地。一般于村子周边选一块较为干爽的地方修建,大多数是用水泥修成的。

按乡间旧俗,"龙船饭"多为九盆大菜,以示最高等级,人称"九大簋"。

饭菜中,蒜头蒸辣椒为必备菜肴,吃后可清除划手们体内的湿气。节瓜、莲藕、虾米粉丝、烧肉、冬菇等应时佳肴层出不穷、应有尽有,应节的苦瓜蒸三鯠、香芋扣肉煲、柚皮焖大鳝、腰果炒肉丁、鸿运白切鸡,无不引人垂涎三尺。其中,烧肉寓意"皮红体壮";清蒸大鲩鱼寓意"万事胜意""年年有余";拆烩大鱼羹,人们称其为"独占鳌头",祝贺龙舟健儿纵横千里,独占鳌头;松子鹊巢丁,人们美其名曰"丁财两旺",祈求品味美食后,健康富贵,安居乐业,子贵孙贤;蟠龙蒸大鳝,人们称其为"龙蟠虎踞",感谢龙母一年四季护佑龙舟、家族、乡村安康顺利,更祈求龙母继续守护,以令他们万事亨通,得心应手;美极罗氏虾,乡人命名为"节节高

◎ 龙舟宴席佳肴

◎ 拆鱼羹(顺德区厨师协会供图)

◎ 清蒸大鯇鱼

◎ 松子鹊巢丁

◎ 蟠龙蒸大鳝

升"，因大虾带甲，为神龙化身，一虾带甲，寓意科名一甲，名扬天下，虾身节节组成，寓意一路挺进，节节高升。琳琅满目的菜式，无不寓意身强体壮、吉顺祯祥、所向披靡、一往无前。

龙舟宴是顺德乡村最盛大的集体欢宴，是突破家族边界、融入社会的美味共享，是一年中人气最旺和最热闹的时刻。

人们通过龙舟宴品味乡间时令佳肴、传承古老的礼仪制度、延续村中悠久的文脉、分享合作成功的快乐、祝福全年安康和美。

因此，龙舟宴是顺德人回眸往昔、品味当下、向往未来的独特方式。

龙舟宴中，村中无论老少都走出家门，群聚围餐，共同完成以村为单位的年度盛宴。往昔，母亲们必盛一碗"龙船饭"回家，倒进锅中与家中饭菜一起蒸煮，希望将龙福带到家中。如今，她们大多带上孩子一起品尝这一年一度的"龙船饭"，宴席后打包回家，以循古礼。

人们聚族围坐，共享"龙船饭"，就是通过以龙舟为核心的饮食活动，传承人神共享的古老意蕴。

乡民在地堂、河边、树下分享"龙船饭"，仿佛在举箸大啖中与神龙、河神、社神、社树共同分享的一年一度的美食盛宴时，获得由它们构成的神圣空间的力量。大快朵颐后，他们内心已然获得来自神明的力量与庇佑。因此，人们乐意将这带有神圣意义的饭菜带回家中，让家中小孩获得来自神明庇佑的余荫。

如今，随着乡村结构的开放与经济活动的融入，昔日以家族血脉为核心的盛宴模式不断融入更多的现代元素，"龙船饭"也从人神共食、分享家族成果的乡村盛宴逐渐转型，成为汇聚社会资源、深化乡村管理、增进邻里关系、推进产业交流、促进乡村振兴的重要社交活动。

## 第十三节

# 犒赏龙舟

参加彩龙竞艳的龙舟在河涌中游弋。村中民众多以集体的形式合资购买各种饮料（含酒水）、家禽、饼干、香烟等，以犒劳为乡村带来吉祥的龙舟，此为"集体犒船"。不少村民自发为前来拜访的龙舟或新龙舟递送各种食品、酒水、布料、鞭炮等，让他们尽情享用，此为"私船犒劳"。获得犒劳的龙舟需要双手接礼，离开一段距离后，掉头回到接受礼物处，双手作揖，敬谢送礼者，此为"朝头"；若礼物珍贵厚重，则三朝头，以表深谢。河涌上，彼此致谢声不绝，成为"五月龙舟节"中最温文尔雅且充满人性温情的一幕。

## 第十四节

# 藏龙

农历五月末,一切龙舟活动渐入尾声。壮汉们在祭祀后合力将龙舟放入"龙船澳"中,龙头朝村心,龙尾向村外,周围插上竹杆,以示龙舟深埋河中。

昔日,龙舟多以松木制作。松木具弹性且透气性强,若直接暴露于空气中,松木水分蒸发,引起龙舟变形。因此,端午节过后,松木龙舟就要沉下水中以作保养,因龙舟浸在水中会越发结实。

后来,龙舟船身多由坤甸木[①]制成。由于长期受太阳暴晒会皲裂损毁,人们将龙舟深埋河中,以河泥包裹,让其与空气隔绝,形成密闭空间,延缓变化时间,使其浸泡越久越结实。"千年坤甸万年松"正是此理。此仪式称"藏龙船""沉龙""封龙",但不可称为"埋龙船"。

作为每个乡村独具神秘色彩的神物,龙舟具备不可侵犯、玷污的圣洁性。人们在龙舟身上寄托着全村的期盼,它更是铭刻和维护着乡村的历史记忆和各种古老传统的风俗与文化。

---

① 属于龙脑香科,是重(硬)坡磊类木材,分布于东南亚的马来半岛、加里曼丹岛、菲律宾群岛等地。

◎ 人们将龙舟藏于"龙船澳"中，以待来年起出，再度纵横四方

在乡村，族谱、祠堂、龙舟的地位神圣不可侵犯。族谱是家族的历史记载，祠堂凝聚的是一个家族的历史，龙舟则是一个村庄流动的图腾。人们在祠堂里供奉族谱或将龙舟深藏于河中，实是在抚摸内心和梳理历史，更是在自我勉励中奋发图强。

因此，对于顺德人来说，无论漂泊何处，祠堂、族谱和龙舟都不可或缺。有时候，它们甚至比生命还珍贵。因为，它是一个家族几百年里所有生命和荣耀的化身，也是他们对大自然和各路神灵崇拜的具像，更是神灵与先祖和自身精神追求融合的唯一可触摸、保护的实物。深藏于河中的龙舟寄托着人们对心灵的自我抚慰和对美好生活的深情寄托。锣鼓鞭炮声渐稀疏，河水恢复往日的宁静。龙潜河中，静待来年跃出水面，巡游四方。

## 第十五节

# 龙船会

在龙舟竞渡的整个过程中,由家族父老与经济实力雄厚、热心公益的族人组成的"龙船会",是各村组织开展盛大的龙舟竞渡、彩龙竞艳活动的骨干力量。昔日,他们从家族田地租金中抽出规定数额,用于农历五月的龙舟活动开支。如今,大多是生产队相关经济收入,如店铺租金、土地资金等。此外,族人或村民自发捐助的资金成为龙舟竞渡重要的资金和物质来源。许多龙舟、彩龙、划手身上都会出现赞助企业的名字或商标,融合民俗、文化、商业、慈善等不同资

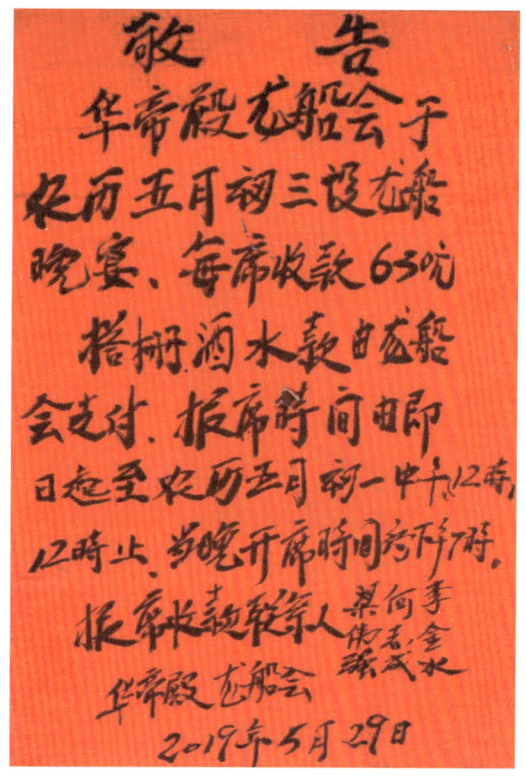

◎ 乡间的"龙船会"为龙舟竞渡举行奠定重要基础

源，成为当代龙舟活动的良性互动与新现象。

此外，"龙船会"还举行各种投标活动，将龙舟上不同类型的辅助性工作作为投标项目，包括打锣、打鼓、看管神楼、烧炮仗（放鞭炮）、掌头旗、头罗伞位、长幡位、三角旗位等。在彩龙竞艳中，独立船头、大掌头旗、指挥若定、飒爽英姿，是万众瞩目的荣耀；敲锣打鼓、护佑神楼、燃点鞭炮、助兴添喜，令人们趋之若鹜。人们争相出资竞投，为家人或自己获得心仪的位置。因此，资金得以快速筹集。投标时分，人们竞相争夺，资金总额不断上升，成为龙舟竞渡前最热烈又充满温情的夜晚。

◎ 太公分猪肉也得力于"龙船会"或家族的支持

龙舟竞渡活动进入尾声，对于竞赛或彩龙竞艳的用品，如"龙船帽""龙船衫"和"采青"工具等，人们会继续投标一番，将这些充满神圣力量的吉祥物供奉于家中，求一年安顺吉祥。投标的资金则交给"龙船会"，以备来年使用。待一切活动落下帷幕，"龙船会"自动解散，等待来年重新组合。

# 第二章
# 龙舟竞赛

古代，龙舟竞赛称"斗标"或"斗龙"。昔日，龙舟竞赛只有第一名，称为"夺标"，不设第二、第三名。因此，龙舟竞赛竞争极为激烈，它成为每个村庄最看重的荣耀与实力的象征。全村人或全家族人都会精选好手、筹备资金、调动资源、全力以赴，为家族或村庄和自己的荣耀而战。龙舟竞赛也是乡村经济实力与古老风俗积淀相融合后的综合体现。

◎ "压尽群龙"虽是清代康熙年间的石匾，却反映出顺德更古老悠久的龙舟竞赛历史（梁舒扬供图）

## 竞赛形式

龙舟竞赛大致分 8 个形式，以下为具体分类。

1. 直道赛：指在尽可能短的时间内，通过 1000 米及以内标志清晰而无任何障碍的直线赛道的竞赛。

2. 绕标赛、追逐赛：指在环绕半径不少于18米，直线距离不少于400米的人工或自然水域所进行的环绕竞赛。全国锦标赛和综合性运动会环绕半径不少于27米。

3. 拉力赛：指在自然水域、封闭的航线上进行的长距离竞赛。

4. 往返赛：指在不少于100米的直道内进行多次折返的竞赛。

◎ 无论哪种竞赛，都是意志与力量的比拼（顺德龙舟俱乐部供图）

5. 5人龙舟赛：指在单排舟中依靠5名划手以划桨为动力，同心协力推动龙舟前行的长距离竞赛。

6. 拔河赛：指在静水水域中，比赛双方以龙舟和连接两条龙舟的绳索为主要器材，将对方拉至相应标记线的竞赛。

7. 冰上赛：指在水上龙舟运动基础上延伸的一项在冰面上滑行的冰上竞赛。

8. 其他形式赛：指在水上龙舟运动基础上延伸的在陆地、草地、沙漠、海上、雪地等各类形式的竞赛。

## 第二节

# 区内赛与通天埠

传统顺德龙舟竞渡分为两种：区内赛和通天埠。区内赛为本村或本地区的竞渡，多为3人或5人龙舟竞赛。通天埠则是珠三角地区5人龙舟赛，参赛龙舟常常超过百艘。头场为初赛，奖品简单，参赛队多派出二号龙舟去磨炼意志和积累经验。二场则在头场赛结束两天后举行，村中男女都前来观看这场异常激烈的竞赛。

◎ 百舟齐发（顺德龙舟俱乐部供图）

## 第三节

# 竞赛类别与龙舟类别

龙舟竞赛类别众多,根据《中国龙舟竞赛规则与裁判法(2020版)》规定,龙舟竞赛的分类包括:全国综合性运动会龙舟赛、中华龙舟大赛、中国

◎ 顺德乐从龙舟队征战中华龙舟大赛(顺德龙舟俱乐部供图)

龙舟公开赛、全国龙舟锦标赛、中国龙舟大奖赛、全国青少年龙舟锦标赛（包含青少年U系列赛事）及其他赛事（精英赛、邀请赛、争霸赛、传统龙舟赛、拉力赛、往返赛、5人龙舟赛、拔河赛、冰上龙赛、陆地赛、趣味赛等）。此外，还有彩龙、艳龙等形式的龙舟赛及地方龙舟赛。

龙舟的类别有标准龙舟与传统龙舟2种。其中标准龙舟分12人龙舟与22人龙舟，龙舟材质为玻璃钢。传统龙舟有5种：龙虱（1人龙舟）、三桡（3人龙舟）、五桡（5人龙舟）、十三桡（13人龙舟）与26—60人龙舟，龙舟材质为坤甸或杉木。

## 第四节

# 器材要求

龙舟竞赛对器材的要求十分严格,其中包括龙舟长度、配件、人数等,以保证竞赛的公平公正。

◎ 统一的器材与工具,令竞赛更公平纯粹(顺德龙舟俱乐部供图)

1. 22人龙舟，总长（含龙舟、龙尾）18400毫米±20毫米。

2. 12人龙舟，总长（含龙头、龙尾）12950毫米±20毫米。

3. 迷你（5人）龙舟，总长（含龙头、龙尾）不小于8900毫米±20毫米。

4. 舵桨：采用固定式，固定装置设在尾舱左侧船体上。

5. 划桨：采用单面或双面划桨。

6. 鼓与锣：龙舟上必须配有统一型号的鼓、鼓手座椅和锣、锣架。鼓面与水平面的垂直方向成15度夹角。

7. 龙舟、舵桨、划桨的制造材料不受限制，龙舟本身重量不设统一标准，但在同一赛事中，由大会统一提供的器材须采用相同材料和工艺制作，且为同一批次出厂的器材（划桨除外）。

8. 全国性综合运动会及在国内举办的国际级龙舟比赛，必须使用国际龙舟联合会认证的器材。

## 第五节

# 参赛人数

龙舟竞赛中，不同类型的龙舟人数要求严格而科学，力求比赛的高质量与公平性。

1. 22人龙舟竞赛，每队运动员不超过26人，其中划手20人，舵手、鼓手各1人，替补队员4人。

◎ 全国第一届村居龙舟大赛（顺德龙舟俱乐部供图）

2. 12人龙舟竞赛，每队运动员不超过14人，其中划手10人，舵手、鼓手各1人，替补队员2人。

3. 迷你（5人）龙舟竞赛，每队运动员不超过7人，其中划手4人，舵手（兼鼓手）1人，替补队员2人。

## 第六节

# 比赛规则

1. 比赛前3分钟，参赛队伍根据起点裁判员指令，进入赛道。
2. 赛前2分钟点名。

◎ 蓄势待发（顺德龙舟俱乐部供图）

3. 赛前1分钟取齐，龙舟需稳定在起点线上。

4. 参赛队伍出发准备就绪。

5. 发令员准备发令。

6. 口令：各队注意——预备——划，同时鸣笛。

7. 发令后，所有队伍必须起航。

8. 比赛中，所有参赛队伍必须在本赛道中间划行。

9. 参赛队伍间至少保持4米水面距离（相邻两条龙舟桨叶之间的距离）。

10. 比赛时，划行姿势包括坐姿、站姿与跪姿。

◎ 严格的规则与统一的标准，令竞赛公平、公正、公开（顺德龙舟俱乐部供图）

11. 参赛队锣手、鼓手必须有节奏鸣锣、击鼓。

12. 比赛队伍不得中途靠岸。

13. 龙舟前部需有赛道编号牌。

14. 若同场比赛两条或多条龙舟同时到达终点，除涉及第一名需重赛外，其他名次可并列，以下相应名次空出。

## 第七节

# 5人龙舟赛

　　5人龙舟赛是顺德最盛行的民间水上竞赛。农闲时节，人们登舟划桨，穿涌过河，疾若飞箭，迎风破浪，渐成赛事。因五人五桡，故称"五人飞艇"或"五桡艇"。5人龙舟赛不设鼓手、锣手、舵手，全为划桨精英。他们需手法一致，齐心协力，方能脱颖而出，折桂夺冠。5人龙舟赛属环绕赛，多在超50米水域上完成多圈环绕竞赛，也有在直线距离超500米河道上，来回划舟，彼此竞技。比赛以最先完成设定圈数者为夺冠者。顺德龙舟竞赛高手云集，5人龙舟赛为"水上马拉松"。赛程多设定为20—40千米，耗时2—4小时。既考验速度，又磨砺意志，更展现耐力与合作精神，可谓顺德龙舟文化的精彩浓缩。获胜者多获烧猪、红米酒、锦旗、花红，更敲锣打鼓，巡游村中河涌，以示庆贺，称"晒标"。

　　因5人龙舟赛源自乡村，因此，它多以本村或社坊为单位。获胜后，人们聚餐庆贺，称"龙舟饭"，更以奖金邀请戏班登台宴席，以贺夺胜，称"庆标"。顺德各镇龙舟文化呈现不同特色，如勒流龙眼点睛、杏坛龙母朝圣、乐从龙王摇篮、大良鉴江竞渡、容桂夜龙巡游、陈村草龙争霸、龙江老龙出海等。顺德乐从、龙江民间龙舟竞渡文化深厚，更是村村有龙舟，户户出高手。2010—2014年龙江镇连续五年举办全国5人龙舟公开赛,乐从镇常年举办的村居龙舟赛和5人龙舟赛,令其成为顺德著名的龙舟竞赛重地。

◎ 比拼耐力和意志(顺德龙舟俱乐部供图)

## 第八节

# 放头

在龙舟竞渡中,鸣号炮、发指令称为"放头"。所有观众都在岸上静待一声号令,看龙舟风驰电掣、神勇威武、英气勃发。这是龙舟竞渡最精彩的瞬间。不过,因参赛龙舟超百,比赛大多选择在河面宽阔的水上,所有参赛龙舟都需要划过一段距离才能进入赛区,以免在竞赛中发生碰撞。

所有龙舟静停水面,一字排开。突然,一声枪响,群雄挥桡、舟如利箭、浪花如雪。一瞬间,龙舟已进入赛区纵深处。此时,岸上呐喊震天,河上群龙争霸。传统的龙舟竞渡中,龙舟上需有小孩一名,称为"公正"。比赛点与龙舟有一段距离,"公正"挺立于始发点

◎ 放龙盛况(顺德龙舟俱乐部供图)

上。当"放头"开始时,"公正"立即飞跑到自己的龙舟上。此时龙舟才能出发。在比赛途中,"公正"负责舀出龙舟中的河水,以保证龙舟轻快前进。如果无法舀净,他可跃入河中,以保证龙舟继续轻装前行,此称"丢公落水"。在如今竞赛中,此古俗已消失。

◎ 放龙盛况(顺德龙舟俱乐部供图)

## 第九节

# 转㽪（dòng）

在龙舟竞赛中，"转㽪"最摄人心魄。所有龙舟都飞驰于河上，大家你追我赶，互不相让。按规定，长度为 2 千米的赛区河道始发点与终点各树立一根木桩，桩顶紧扎红布和一把龙眼叶。龙舟陆续围绕木桩掉头，来回绕行竞技，此称为"转㽪"。所有龙舟来到木桩周围，根据水流、风速、航道、距离和划手的状态，不断调整龙舟的进退、正斜、停动，在密集的龙舟群中穿插、超越、避让。他们将技法、经验、勇气、智慧，特别是耐力与意志，都发挥得淋漓尽致。势均力敌的龙舟更是呈现水上的综合竞技，而岸上观众看到自己社坊的龙舟，更是跺脚高呼、鼓舞加油。可以说，"转㽪"成为"五月龙舟节"最惊心动魄的竞赛。

◎ 激烈、紧张的"转㽪"（顺德区档案馆供图）

## 第十节

# 赛龙夺锦

在众多竞争对手中脱颖而出的冠军,不一定是一直领航的龙舟,而是经验最丰富且耐力最持久的"潜龙"。他们匀速前行、首尾相应、穿插自如、扬长避短,最终快速冲刺,夺得锦标,成为赛场黑马。充满戏剧性的竞赛结果往往令人大呼精彩,深有感触。

◎ 力争上游(顺德龙舟俱乐部供图)

顺德龙舟文化趣谈

◎ 齐心协力（顺德龙舟俱乐部供图）

◎ 全力冲刺（顺德龙舟俱乐部供图）

◎ 折桂踏鳌（顺德龙舟俱乐部供图）

## 第十一节

# 得胜归来

得胜归来的龙舟获得烧猪、锦绣罗伞、鹅、红米酒、匾额等奖品。人们簇拥着身披红布的胜利者，深情祝贺，彼此拥抱。他们还划起龙舟绕河涌一周，对组织者和赞助者表示谢意，此谓"谢龙"。

◎ 赛龙夺锦，得胜归来（顺德区档案馆供图）

◎ 燃点鞭炮以祝贺得胜归来的队伍（顺德区档案馆供图）

顺德龙舟文化趣谈

◎ 游弋河道,以表谢意,为民间风俗"谢龙"

## 第十二节

# 竞赛历史

1979年,勒流镇黄连村人在本村举办通天埠五桡龙舟大赛,这次比赛使黄连大队成为广东在改革开放后最早举行通天埠龙舟比赛的大队。黄连大队基尾生产队更是顺德最早令沉睡河底的龙舟跃上河面重新纵横河涌的生产队。

1980年,顺德举办第一届龙舟大赛,参赛队伍来自顺德(当时为县)、江门(当时为省属市)、番禺(当时为县)、南海(当时为县)、广州(市区)和外省。黄连代表队砥砺奋进、过关斩将,最后勇夺第四名。

1981年,顺德举办改革开放后首场县级龙舟大赛。1983年,国际龙舟邀请赛组委会向广东省有关部门发出邀请,诚邀内地组队赴香港参赛。时任中共顺德县委书记黎子流组织队伍参加。

顺德县体委从全县12个镇挑出800多名青壮年农民,进行划艇速度、身体素质、游泳等项目测试,并进行体检,最后精选出24名农民组成顺德龙舟队。这就是顺德历史上的首支县级龙舟队。

他们在勒流镇菊花湾和黄连村闭门集训。当时顺德县体委领导何乐民、郑家润将黄连村定位为龙舟集训基地。黄连村民为划手们提供各种生活服务。郑家润利用自己总结的"顺德桡法"训练队员。顺德龙舟队于1983年6月代

◎ 20世纪80年代初，顺德就开展龙舟竞赛（顺德区档案馆供图）

表广东首次参加在香港举办的国际龙舟邀请赛，一举囊括市政局杯、国际邀请赛杯等2项冠军，战胜拥有8名奥运会赛艇选手的美国队。

顺德龙舟队声名鹊起。1984年，顺德组建顺德女子龙舟队，1985年，顺德女子龙舟队在湖北宜昌参加第二届"屈原杯"全国龙舟锦标赛，勇夺冠军，打破女子不划龙舟的传统。从此，顺德男、女龙舟队渐成顺德群众体育的主力。

这批水乡农民组建成中华人民共和国成立以来的第一支县级农民业余龙舟队，后更成为中华人民共和国成立以来第一支走出国门、扬名海外的龙舟队。

在香港举办的第一届国际龙舟邀请赛中，黄连村民潘志强作为鼓手奋力击鼓，轻重缓急、清晰分明，指导队员们迎风破浪、奋勇争先。划手们运用娴熟新桡法，齐心协力、挥桨如风、舟如利箭，最终脱颖而出，一举夺冠，声名远播。

大批划手在黄连挥桨苦练、不舍寒暑,最终折桂,名播远近。黄连龙舟队不甘人后,在2006年举办的顺德龙舟公开赛中勇夺第二名。黄连这片土地也渗透着深沉的龙舟文化底色与奋勇向上的龙舟精神。

1984年,第一届"屈原杯"全国龙舟锦标赛暨"丰收杯"广东省龙舟锦标赛在顺德县龙江镇以北的江面举行。这场盛大活动震撼热烈,顺德深厚的龙舟文化底蕴与群众对龙舟活动的热忱引起各方关注,而龙舟也因此次大赛而作为正式体育项目被列入全国体育比赛名录。同年,国家级龙舟协会成立,龙舟运动在国家的引导下向着专业化、规范化、国际化推进。顺德龙舟运动因势利导,迅速发展。

此后,各村的龙舟活动开始活跃,几乎每个村或每个社坊都拥有自己的龙舟队伍。端午前,游弋河涌的龙舟与岸上群众的齐声呐喊,成为村中最热闹的场景。

◎ 第十二届世界龙舟锦标赛夺冠欢乐时刻(顺德龙舟俱乐部供图)

顺德龙舟队获得第一到第四届全国龙舟锦标赛冠军和第五届全国龙舟锦标赛亚军。

2009年，顺德区重组龙舟队，政府的支持、清晰的目标、固定的场所、专业的选手、系统的训练、充足的资源，顺德龙舟队崭露头角。

2010年中秋节，"龙江商会杯"第一届5人龙舟赛在龙江镇举行。这项赛事由国家体育总局社会体育指导中心与中国龙舟协会主办，顺德区文化广电旅游体育局、龙江镇人民政府承办，龙江商会企业赞助，形成国家、地区、企业联合推进的国家级赛事，连续举办4届，成为全国瞩目的大型龙舟赛事。这个赛事体现出顺德人对龙舟的热爱与社会对这项运动的大力支持。

顺德龙舟队在国内外重大龙舟赛事中屡创佳绩，先后在中国龙舟公开赛、中华龙舟大赛、全国运动会龙舟赛、亚洲龙舟锦标赛、世界龙舟锦标赛和亚运会龙舟赛等国家级、国际级龙舟比赛中获得冠军，累计300多个。

如今，顺德区拥有1个顺德区龙舟俱乐部乐从训练基地，成立了1个区级龙舟协会。据统计，顺德区共有竞技龙舟50多条，民间传统龙舟500多条，各种小龙舟超过1000条，常年参与训练人数超过6000，参与体验"扒龙舟"活动的市民年均达3万多人。

2013—2017年，顺德区连续举办5届"欢乐龙舟文化节"活动。2009年以来，各级政府投入大量资金，致力于推进龙舟竞渡、训练、巡游等活动，社会组织与企业通过赞助、冠名等形式大力推动龙舟活动的开展，形成自上而下的合力，推动顺德的龙舟运动健康发展。

乐从在大力打造标杆龙舟俱乐部和龙舟队的同时，积极举办龙舟竞渡品牌赛事。从2012年起，连续成功举办10届村居龙舟大赛；承办全国第一届村居龙舟大赛；主办、承办区域5人龙舟公开赛、村居5人龙舟邀请赛、佛山国际龙舟公开赛、亚太地区龙舟公开赛、第一届亚洲龙舟俱乐部杯赛、"一带一路"佛山国际龙舟邀请赛和中国龙舟公开赛总决赛。

此外，龙舟说唱、人龙舞被列入国家级非物质文化遗产名录；"龙眼点睛"被列入省级非物质文化遗产名录，赛龙舟、龙母诞、龙舟雕刻技艺等分别被列入市、区级非物质文化遗产名录。勒流"龙眼点睛"、杏坛龙母诞、容桂夜游龙舟等活动成为端午期间与赛龙夺锦、彩龙竞艳交相辉映的五月盛会。

## 第十三节

# 顺德女子龙舟队

1984年，顺德女子龙舟队成立。时任顺德县体委办公室副主任吕曙光出任教练。经过一年艰苦训练，顺德女子龙舟队在1985年6月的第四届国际龙舟邀请赛中获得女子640米竞赛冠军，成为中华人民共和国成立以来第一支冲出亚洲、走向国际的女子龙舟队。

从水乡深处默默无闻的划艇女子到名闻国际的水上女子劲旅，所有目光都凝聚在这批来自田头水边的顺德女子身上。《中国妇女》《体育大观》《羊城晚报》等各大杂志报刊大幅报道她们的成绩。她们成为顺德女子打破传统局限、实现自我价值、丰富龙舟文化的典范。

从此，顺德女子龙舟队不仅在湖南、湖北、四川等地举办的数届"屈原杯"全国龙舟锦标赛中力夺桂冠，还在香港举行的国际龙舟邀请赛中一马当先、蝉联冠军。她们在越来越多的竞赛与表演中展现出独有的风姿与实力，转战世界各地，成为引人注目的水上竞技先锋。

## 第十四节

# 中国龙舟大奖赛落户顺德

2019年11月2日,第一届中国龙舟大奖赛暨2019佛山(国际)龙舟嘉年华活动在顺德开幕。此次大奖赛,云集国内41支顶尖劲旅,近900名

◎ 顺德乡间浓郁的龙舟文化及乡人对龙舟竞赛的推崇,令顺德成为国内各种龙舟大赛的竞技重地(顺德龙舟俱乐部供图)

运动员积极参加。2天内，江西永通虎山龙舟队、福州浦下龙舟队、顺德乐从龙舟队等劲旅先后进行200米直道赛、500米直道赛和800米直道赛的竞赛。此次大赛是继中华龙舟大赛、中国龙舟公开赛后由中国龙舟协会主办的第三个国内顶尖赛事。参赛对象规定为中华龙舟大赛、中国龙舟公开赛的优胜队伍，其中男子公开组与青少年组必须是前三强，是目前中国规格、水平、奖金最高的竞赛。

经过几十年发展，顺德龙舟竞赛已形成名闻远近的体育品牌与文化名片，更具有配套成熟的竞赛资源和专业便捷的辅助服务。2018年，第十三届亚洲龙舟锦标赛在顺德桂畔湖成功举行，数百支来自亚洲各地区的劲旅在顺德展开激烈的角逐。完善的组织程序与丰富的活动经验，深厚的龙舟文化底蕴与悠久的传统风俗习惯，以及丰盛的龙船饭、悠扬的龙舟曲、缤纷的龙舟水、热烈的竞赛气氛，不仅令组织者与参赛者交口称誉，给观众留下深刻而美好的印象，也促成顺德成为首届国家龙舟最高赛事的首选地。此次竞赛，顺德乐从罗浮宫龙舟队力压群雄，折桂夺冠，再度展现顺德龙舟劲旅沉雄俊勇的不凡实力。

## 第十五节

# 历年战绩

1985年，顺德龙舟队应邀代表中国参加澳大利亚国际龙舟邀请赛。这是我国龙舟队首次离开亚洲参加国际大赛。顺德划手技艺精湛、奋勇争先，力夺在澳大利亚悉尼（Sydney）举办的"富丽宫杯"和"国际杯"2项大赛

◎ 早年四处征战的顺德龙舟，为日后夺冠折桂奠定扎实基础（顺德区档案馆供图）

冠军。同年，顺德龙舟队参加第一届"屈原杯"全国龙舟锦标赛暨"丰收杯"广东省龙舟锦标赛，获得冠军。

1993年，顺德龙舟队囊括第一届世界"炎黄杯"三站冠军，时任全国政协主席李瑞环为顺德龙舟队颁奖。

◎ 折桂夺冠，欣喜非常（黎尔宽摄　顺德区档案馆供图）

1994年，顺德龙舟队囊括第一届亚洲锦标赛男女各项比赛共4项冠军。

1995年，顺德龙舟队代表国家，以"中国龙舟一队"身份参加在湖南岳阳举办的第一届国际龙舟锦标赛。顺德龙舟队与来自14个国家和地区的37支劲旅、近千名好手水上角逐。顺德龙舟队一马当先、力挫群雄，最终包揽7项冠军，闻名国际龙舟界。此后，澳大利亚队专门前来顺德学习龙舟技法，更邀请顺德教练远赴澳大利亚亲自授课。

2005年，顺德龙舟队参加在德国举办的第七届国际龙舟锦标赛，在8个项目中共获得7枚金牌和1枚银牌。同年，国家体育总局与中国龙舟协会授予顺德"全国龙舟之乡"的称号。

2010年4月，经顺德区文体旅游局和乐从镇人民政府共同研究，决定在乐从镇成立顺德龙舟俱乐部。顺德龙舟俱乐部与乐从龙舟训练基地在乐从镇陈登职业技术学校挂牌成立。顺德龙舟俱乐部制定《顺德龙舟俱乐部章程》《顺德龙舟俱乐部青少年龙舟队管理办法》《顺德龙舟俱乐部成年男、女龙舟队管理办法》等，实行严格管理、科学训练、系统推进。

2011年，顺德龙舟俱乐部龙舟队参加中国龙舟公开赛和中华龙舟大赛，勇夺赛事项目20个第一名。

6月17—18日，乐从镇体育总会龙舟队参加在江苏江阴月城举行的首站中华龙舟大赛，包揽200米、500米直道赛，5000米绕标赛和总成绩4项冠军。12月18—19日，顺德龙舟俱乐部龙舟队参加在福建漳州举行的第二站中华龙舟大赛，囊括200米、500米直道赛，5000米绕标赛和总成绩4项冠军，全职业化龙舟队首次组建出征国内最高级别的龙舟赛事，一战成名。

2012年，顺德乐从家具城龙舟队参加中国龙舟公开赛、中华龙舟大赛、世界龙舟俱乐部锦标赛和亚洲龙舟锦标赛，勇夺赛事项目44个第一名。

7月，顺德乐从家具城龙舟队代表国家参加在中国香港举行的第八届国际龙舟联合会世界龙舟俱乐部锦标赛，囊括精英公开组3项冠军。9月，首次代表国家参加在韩国釜山举行的第十届亚洲龙舟锦标赛，勇夺3金3银的好成绩，五星红旗在韩国釜山龙舟赛场冉冉升起，极大鼓舞龙舟队员的士气，增强民族自豪感。10月，参加中国龙舟公开赛总决赛，囊括200米、500米直道赛，5000米绕标赛和总成绩4项冠军。12月，参加中华龙舟大赛总决赛，勇夺年度总冠军。

2013年，顺德乐从家具城龙舟队参加中国龙舟公开赛、中华龙舟大赛、世界龙舟锦标赛和东亚运动会龙舟赛，勇夺赛事项目28个第一名。

7月，顺德乐从家具城龙舟队代表国家参加在匈牙利赛格德举行的第十一届世界龙舟锦标赛，勇夺4金2铜的好成绩，囊括标准龙舟公开男子组、公开混合组200米和500米直道竞赛4枚金牌，创造中国龙舟队参加世界龙舟锦标赛历史最好成绩，为中国龙舟队夺得第十一届世界龙舟锦标赛最佳团体奖作出重要贡献。10月，代表国家参加在中国天津举行的东亚运动会，为中国代表团夺得2金1银1铜的好成绩。顺德龙凭借非凡实力为国家赢得多项荣誉，同时将团结拼搏、奋勇争先的顺德精神、中国精神完美展示给全世界。

2014年，顺德乐从家具城龙舟队参加中国龙舟公开赛、中华龙舟大赛、海峡两岸龙舟赛、全国少数民族传统体育运动会龙舟赛和亚太地区龙舟公开赛，勇夺赛事项目25个第一名。

5月，顺德乐从家具城龙舟队参加在福建厦门举行的2014年"嘉庚杯""敬贤杯"海峡两岸龙舟赛，囊括社会男子组4项冠军。11月，参加在广东佛山新城举行的亚太地区龙舟公开赛，包揽200米、500米直道赛和总成绩3项冠军。

2015年，顺德乐从家具城龙舟队参加中国龙舟公开赛、中华龙舟大赛、全国少数民族传统体育运动会龙舟赛、世界龙舟锦标赛和亚洲龙舟俱乐部杯赛，勇夺赛事项目33个第一名。

8月上旬，顺德乐从家具城龙舟队代表广东省参加在内蒙古鄂尔多斯举行的第十届全国少数民族传统体育运动会龙舟赛，勇夺3金5银1铜的好成绩，为广东省争得荣誉。8月下旬，代表国家参加在加拿大韦兰市举行的第十二届世界龙舟锦标赛，勇夺成年混合组标准龙舟2枚金牌和1个第四名、1个第五名的好成绩。10月，代表国家参加在广东佛山新城举行的第一届亚洲龙舟俱乐部杯赛，勇夺4金1银1铜，总成绩位列第一名。12月，参加中华龙舟大赛总决赛，勇夺年度总冠军。

2016年，顺德乐从家具城龙舟队参加中国龙舟公开赛、中华龙舟大赛、亚洲龙舟锦标赛、国际龙舟联合会世界杯，蝉联中国龙舟公开赛五连冠，包揽全年中华龙舟大赛七连冠，勇夺赛事项目56个第一名。

3月，顺德乐从家具城龙舟队代表国家参加在澳大利亚阿德莱德市举办的第十二届亚洲龙舟锦标赛，在男子公开组和混合组7个项目共17场的比赛中，全队上下团结拼搏，奋勇争先，力压群雄，勇夺5金2银，创造参加国际级龙舟赛事历史最好成绩。10月，顺德乐从家具城男子龙舟队与江苏武进太湖湾女子龙舟队组成中国一队，代表国家参加在江苏省武进太湖湾国家龙舟竞赛基地举行的第二届国际龙舟联合会世界杯。中国一队面对各国劲旅，奋力拼搏，勇夺3银2铜，总成绩位居第二。11月，参加中国龙舟公开赛总决赛，包揽赛事项目4项冠军。12月，参加中华龙舟大赛总决赛，勇夺年度总冠军。因顺德乐从家具城龙舟队的优异表现和突出贡献，乐从镇人民政府和顺德乐从龙舟俱乐部均被国家体育总局评为"2013—2016年度群众体育先进单位"。

2017年，顺德乐从罗浮宫龙舟队参加中国龙舟公开赛、中华龙舟大赛、全国运动会龙舟赛和世界龙舟锦标赛，勇夺赛事项目59个第一名。

7月，由顺德龙舟俱乐部主导组建的广东省男子龙舟队参加第十三届全国运动会龙舟赛决赛，勇夺4金1铜和1个第四名的好成绩，为广东争得荣誉。广东省男子龙舟队被广东省人民政府评为"集体嘉奖单位"、被广东省总工会颁发"广东省五一劳动奖状"、被共青团广东省委员会和广东省青年联合会授予"广东省青年五四奖章集体"。8月，顺德乐从罗浮宫龙舟队代表国家参加在云南昆明滇池举办的第十三届世界龙舟锦标赛，全体龙舟健儿上下一心，团结拼搏，奋勇争先，力压欧美和亚洲其他劲旅，勇夺男子公开精英组200米、500米直道竞赛，2000米绕标赛3面金牌和1000米直道竞赛第七名，创造中国龙舟队参加世界龙舟锦标赛男子公开精英组历史最好成绩，扬威海内外。12月，参加中华龙舟大赛总决赛，勇夺年度总冠军，以大满贯战绩连续三年蝉联中华龙舟大赛年度总冠军，最终夺得中华龙舟大赛总冠军，奖杯永久保留。

2018年，顺德乐从罗浮宫龙舟队参加中国龙舟公开赛、中华龙舟大赛、亚洲运动会龙舟赛、国际龙舟联合会世界杯和亚洲龙舟锦标赛，勇夺赛事项目44个第一名。

8月，由顺德乐从罗浮宫龙舟队负责组建的中国男子龙舟队参加在印度尼西亚巨港举行的第十八届亚洲运动会龙舟赛，全体队员顽强拼搏，奋勇争先，勇夺1金1银和1个第四名的好成绩，不负重托，出色完成目标任务，创造出中国男子龙舟队参加亚洲运动会历史最好成绩，实现金牌零的突破。10月，由顺德乐从罗浮宫男子龙舟队和名门世家南海九江女子龙舟队联合组建的中国龙舟队参加在重庆合川举行的第三届国际龙舟联合会世界杯，勇夺4金1银、总成绩第一名的好成绩，捧得龙舟赛世界杯，再一次向全世界展示中国龙舟队精湛的龙舟技艺和顽强的龙舟精神,为国家赢得荣誉。11月,参加中国龙舟公开赛总决赛,包揽赛事项目4项冠军。同月,代表国家参加在广东佛山顺德桂畔湖举行的第十三届亚洲龙舟锦标赛,勇夺3金3银的好成绩,在家门口向顺德父老乡亲献上一场精彩的龙舟赛事和高超的龙舟技艺。

2019年,顺德乐从罗浮宫龙舟队参加中国龙舟公开赛、中华龙舟大赛和世界龙舟锦标赛等国家级、国际级龙舟赛事,勇夺赛事项目48个第一名。

8月,顺德乐从罗浮宫龙舟队代表国家参加在泰国芭提雅举行的第十四届世界龙舟锦标赛,勇夺1金2银。9月,代表广东省参加在河南郑州举行的第十一届全国少数民族传统体育运动会龙舟赛,勇夺1个一等奖和7个二等奖。11月,参加国内奖金最高、竞技水平最高的首届中国龙舟大奖赛,勇夺1金2铜、总成绩第二名好成绩。

2020年,顺德乐从罗浮宫龙舟队参加中国龙舟争霸赛和纪念中国龙舟公开赛10周年精英邀请赛,勇夺赛事项目3个第一名。

2021年,顺德乐从罗浮宫龙舟队参加中国龙舟公开赛、第二届中国龙舟争霸赛暨奥运龙舟推广赛和第十四届全国运动会群众龙舟比赛,勇夺赛事项目11个第一名。

9月,由顺德乐从罗浮宫龙舟队负责组建的广东省男子龙舟队参加第十四届全国运动会群众龙舟比赛,夺得4枚金牌的好成绩(分别是男子组100米、200米直道竞赛金牌和混合组100米、500米直道竞赛金牌),为广东省争得荣誉。

2022年,顺德乐从罗浮宫龙舟队参加中国龙舟争霸赛、广东省龙舟锦标赛、广东省第十六届运动会龙舟赛和第十四届亚洲龙舟锦标赛,勇夺赛事项目15个第一名。

11月,顺德乐从罗浮宫龙舟队代表国家参加在泰国芭提雅举行的第十四届亚洲龙舟锦标赛,全体队员团结拼搏,奋勇争先,不辱使命,力压亚洲龙舟强队,勇夺 3 金 3 银好成绩。分别获得 22 人龙舟 200 米、500 米和 1000 米直道竞赛 3 枚金牌,获得 12 人龙舟 200 米、500 米和 1000 米直道竞赛 3 枚银牌,在泰国赛场上向亚洲龙舟健儿展示中国龙舟队高超精湛的龙舟技艺,弘扬了中国龙舟精神,为国家争得荣誉。

2011—2022 年,顺德乐从龙舟队参加国家级、国际级龙舟赛事共计 153 场次,勇夺赛事项目 386 金,成为金光闪闪的国内顶尖龙舟强队。顺德乐从龙舟队由江河划向海湾,从长江划向黄河,从全运会划向亚运会,从国内划向世界,征战中国的大江南北和世界各地,将顺德乐从精湛高超的龙舟技艺展示给全世界,为推动广东乃至中国龙舟事业的发展作出突出贡献。

**2011—2022 年顺德龙舟俱乐部乐从龙舟队参赛夺得奖牌数量统计表**

| 年度 | 夺得金牌数量(枚) | 夺得银牌数量(枚) | 夺得铜牌数量(枚) |
| --- | --- | --- | --- |
| 2011 | 20 | 6 | 3 |
| 2012 | 44 | 5 | 0 |
| 2013 | 28 | 14 | 8 |
| 2014 | 25 | 16 | 4 |
| 2015 | 33 | 15 | 13 |
| 2016 | 56 | 9 | 2 |
| 2017 | 59 | 12 | 1 |
| 2018 | 44 | 22 | 3 |
| 2019 | 48 | 26 | 7 |
| 2020 | 3 | 3 | 2 |
| 2021 | 11 | 3 | 0 |
| 2022 | 15 | 3 | 0 |
| 总计 | 386 | 134 | 43 |

# 第十六节

# 集体荣誉

一、2017年8月,顺德龙舟俱乐部被国家体育总局评为"2013—2016年度群众体育先进单位"。

二、2017年9月，顺德乐从龙舟队被广东省人民政府评为"集体嘉奖单位"。

三、2017年9月，顺德乐从龙舟队被广东省总工会颁发"广东省五一劳动奖状"。

四、2017 年 9 月，顺德乐从龙舟队被共青团广东省委员会和广东省青年联合会授予"广东青年五四奖章集体"。

五、2017 年 12 月，国家体育总局授予 2017 年度中华人民共和国体育运动荣誉奖章的教练员名单

顺德乐从龙舟队：

劳剑辉　潘广德

六、2017 年 12 月，国家体育总局授予 2017 年度中华人民共和国体育运动荣誉奖章的运动员名单

顺德乐从龙舟队：

蔡文轩　曾德林　陈光钦　陈俊桐　杜　赚　冯国敬　黎桂森

李　帅　梁志勇　凌文伟　刘学刚　柳庆东　马北松　阮连锦

苏伯品　孙明旭　熊长海　尹中海　张　振　张志成　周桂超

周杏强　庄鑫岩　卓和堂

### 七、2018年12月,国家体育总局授予2018年度中华人民共和国体育运动一级奖章的教练员名单

顺德乐从龙舟队:

劳剑辉　潘广德

### 八、2018年12月,国家体育总局授予2018年度中华人民共和国体育运动荣誉奖章的运动员名单

顺德乐从龙舟队:

周桂超　黎桂森　冯国敬　凌文伟　陈俊桐　李　帅　苏伯品

陈光钦　曾德林　张　振　尹中海　杜　赚　刘学刚　蔡文轩

### 九、2019年12月,国家体育总局授予2019年度中华人民共和国体育运动荣誉奖章的教练员名单

顺德乐从龙舟队:

冯国敬　劳剑辉

### 十、2019年12月,国家体育总局授予2019年度中华人民共和国体育运动荣誉奖章的运动员名单

顺德乐从龙舟队:

陈光钦　陈俊桐　邓志方　杜　赚　黎桂森　戚　鑫　苏伯品

孙明旭　熊长海　张贺轩　周桂超　李　冰　李　帅　刘金明

# 第三章

# 彩龙竞艳

## 第一节

# 彩龙象征

彩龙是人们将神龙人性化的具体实现。本来，跃出河涌的神龙刚劲威武，上天入地、无所不能，令人们敬畏有加。随着乡民对自然认知的加深和能力的提升，神龙逐渐成为人们寄托美好愿望的载体。

◎ 统一服装，黑色龙舟，成为趁景亮色

◎ 互相泼水，敬送祝福（顺德区勒流街道龙眼村民委员会供图）

经过几百年演变，如今，农历五月初五彩龙竞艳与正月初一龙狮腾跃、正月十五鱼龙彩灯、正月二十三观音开库、七月初七七夕乞巧、八月十五中秋赏月、九月初九重阳登高一样，成为乡民日常生活中重要节庆活动。其中，令全村出动、万人空巷的彩龙竞艳最引人注目。

装饰一新的龙舟充满喜庆色彩。它通过水上狂欢，将乡民对神龙的理解、对龙神的崇敬、对生活的向往都融进彩龙竞艳中。

彩龙竞艳在民间称"趁景"，是龙舟竞渡以外的另一种竞赛，称为"文斗"。龙舟的装饰、罗伞的艳丽、桡手的技法、迎接的礼仪都成为彼此暗中比拼的内容。早早就将乡村河道装饰一新的乡民们，在挂满红旗、彩球的岸上驻足观看，人山人海、人潮涌动。

彩龙竞艳也是古代一个传统的习俗，那就是女孩子去端详心仪的男子。

顺德昔日有一首描述此事的歌谣："龙舟扒入涌，大把姑娘睇老公。龙舟扒入窦，大把姑娘睇老豆。""姑娘"指未婚女子，"睇老公"是指女孩子在岸上偷偷打量心中的爱人或经媒人介绍在人群中端详毫不知情的男方。这种散发着淳朴古老的民间色彩的相亲活动，让人们在不知不觉中参与了彩龙竞艳、龙舟竞渡、男女交友等活动，可谓一举多得。

河涌中往来的彩龙相遇时，都会密集地敲锣打鼓，行见面礼，乡间称"擂锣"。如今，彩龙相遇会桡起水花，彼此打水仗，激烈的气氛感染岸上观众，彼此的呐喊欢呼、水花四溅，成为河上和岸上互动的盛大泼水节，最终将敬神驱邪、送福施惠、娱神自娱、亲友聚会融为一体。

人们在村中最神秘威严的神物中融入各种期盼与寄托，在维护乡村历史记忆和文化风俗的同时，注入时代气息与文化思考，使得彩龙竞艳成为每个村中最盛大的水上观赏与互动项目。

## 第二节

# 河道与风俗

顺德河道纵横。人们每天早上出门登舟，晚上划桨归来，日久天长，便形成对河道独有的认知与丰富多彩的信仰文化。他们坚信河中隐藏着主宰河道的河神，掌控着河道的沉浮盛衰，更影响着人们的出行、往来、生活、劳作、吉凶。他们在河道设立河神祭祀空间，将河边大树奉为神明，更在不同埠头搭建埠头守护神，形成沿河道完整而细微的敬畏体系，成为乡民坚定的心理防线。

◎ 相互击水祝福（顺德龙舟俱乐部供图）

顺德龙舟文化趣谈

◎ 人们畅游河道,祈求龙舟能驱散不祥、喜迎吉庆

　　古时,小河是人们驶向远处的通道。人们通过龙舟的游弋、彩龙的巡游,驱赶不祥、恭迎吉祥。河道上不同的埠头与神明,正是人们停留与祭祀的空间。农历五月,人们也因此门挂菖蒲和艾叶,身披丹砂和"龙船符",合力传承自古以来驱邪灭魔的古老风俗。彩龙作为具有特殊力量的载体抵达村庄河道时,各家各户都会预先摆好香案与祭品,恭迎彩龙经过门口。他们燃放鞭炮、焚香祝祷,恭请神龙入室,去病迎祥。端午节前后的彩龙竞艳与河道巡游成为水乡最深沉而质朴的风俗。

第三章 | 彩龙竞艳

## 第三节

# 小神楼

小神楼是龙舟的守护神，也是陆地神明向水上神明的有趣转换。

◎ 船上小神楼，护佑龙舟旗开得胜（周汭聪摄）

  平时，它们稳坐社坊庙宇中，履行陆地神明的职责，接受四方乡民的叩谢。端午节期间，乡民将它们恭请出庙，通过龙舟的承载，游弋于本乡和异地的河涌。它们借助龙舟与河道，将陆地神的功用释放到平时无法到达的曲巷深处，以流水般的柔性实现无差别的护佑功能。乡民通过在龙舟上安装神楼，实现神楼功用的开发，也实现人神间意味深长的相互致敬。一年四季，人们从四面八方前来祭祀庙中的神明，只有这一天，神明借助龙舟的搭载与河水的运送，来到村中各户乡民家门口施惠送福，彼此形成深度平等又心照不宣的互敬关系，充满人情的味道。

## 第四节

## 船尾花卉

顺德龙舟的龙尾多挂花篮,内藏茉莉、灯盏花、鸡蛋花、龙舟花,也有盛开的红色紫薇花。不少龙尾还倒吊一个新摘莲蓬,莲蓬尖轻贴水面,让它随龙舟在水中划出一道浅浅的水纹。莲蓬密集孔洞,寓意"道路通达",表

◎ 船尾花草树叶,扫除不祥

示小舟回旋往来，顺畅无碍，更残存着古人采药去毒、疗病治伤的遗风，也是人们以应时花草去毒辟瘴的传统习俗的现代体现。

因植物茎叶在端午前后多可成熟入药，所谓"端午前是草，端午后是药"，"端午百草都是药"。因此，村民将这些应节花草放在龙尾，通过河水将药性散入河中，达到清除村中疫病的目的。此外，莲蓬尖划出的河水波纹不断扩展，形成无限的涟漪，在古代民俗中就有"人们通过河水将不祥远送他方"的含义，体现出龙舟恭送厄运的原始风俗。

## 第五节

# 鼓手与唢呐手

昔日,彩龙上必有鼓手和唢呐手。他们身穿红色背心,背心前后必有社坊字样,精干夺目。头戴小竹帽的鼓手与唢呐手稳站彩龙,倾情演奏。

◎ 铿锵鼓声,引领龙舟前行

常常是河道深曲处，人们尚未看到彩龙，便听到铿锵的锣声与飘逸的唢呐声早已从河道远处传来。唢呐声或激越高亢、或悠扬淡净、或潇洒飘逸，鼓声节奏分明，或急促、或缓慢、或停顿。鼓声与唢呐声一文一武、一虚一实、一进一退，相互配合、天衣无缝。游龙在鼓声与唢呐声中左顾右盼，缓缓前行。岸上观者如潮，喝彩不断，鼓声与唢呐声成为河中的主旋律，而鼓手与唢呐手更成为彩龙竞艳中的主角。如今，鼓手与唢呐手大多老去，应该重新培养一批专才，接续这一古老技艺，令彩龙竞艳的游弋过程更加丰富多彩。

## 第六节

# 绚丽罗伞与旗幡

罗伞作为彩龙的华丽外衣，是一个村或社坊最艳丽夺目的流动画图。昔日，乡民会到北滘林头村定制各种制作精美的罗伞装饰彩龙。罗伞上清晰地标注自己所属的社坊、家族、村庄的名称、坊名、堂号，独具特色。人们看到罗伞，就知道是哪一条彩龙和社坊。

传统罗伞上多绣有吉祥图案。上部为福鼠、祥云、花草；中部为方框，上绣吉祥花卉与神鸟；下

◎华丽的罗伞是龙舟最美的饰品

◎ 船上各种物件都必不可少，护佑龙舟一往无前

部为双龙、龙凤、八仙、麒麟等。色彩艳丽、明亮夺目的罗伞，成为彩龙竞艳的重要标志，更是隐隐保存着宋代宫廷龙舟的辉煌气派。

此外，龙尾高挂长长的旗幡和表明自身村庄或社坊的三角旗，表明自身的高贵身份、正统来源、正中来路，这成为独具独立符号标识的龙舟。

## 第七节

# 彩龙颜色

顺德彩龙颜色多样,多为红、黑、金、花、五色等,龙舟与桨颜色也需要相匹配。红龙舟配绿桨;黑龙舟沉雅浑雄,因黑色代表水,为大多数龙舟所选颜色;金龙舟则以金黄色为主体,黑色弧线装饰一片金灿,独具不凡气

◎ 不同颜色的龙舟寓意"吉祥如意"的不同细节(周汭聪摄)

质，更寓意"金生水"；花龙舟满身花卉纹饰，充满吉祥寓意，更暗合神龙为社神口衔花草的古老寓意；五色龙则以五种颜色作为底色，花纹与花龙相似，五色代表五方神明，花纹与花龙相似，暗喻"土生木，水土相生"。

龙头大多为红色，寓意"鸿运当头"。红头龙舟的龙尾则为绿色，大红大绿为乡间最为认可的吉祥色彩。龙角用鹿角制造，鹿为瑞兽，代表长寿富贵，这与神龙的身份相吻合，深具迎祥去魅的神力。龙头胡须有白与黑两种，表示神龙的年份与身份，更是长寿与吉祥的象征。因此，母亲多让小孩抚摸龙须，以求安顺吉祥、健康成长。

## 第八节

## "龙虱"游艺

清末民初,黄连香云纱作坊栉比相邻。"晒地公"闲暇时常坐于薯莨盆中,随水飘荡,渐成竞渡游戏。

当时,常有盗贼抢夺香云纱,劳作工场、护送船只多由精通武术的工人护卫,他们在薯莨盆竞渡游戏中融进武术元素。因此,他们参照龙舟竞渡的规则,改良出愈发规范的水上运动游戏,既可自娱自乐,又可助兴神诞,为传统节日增添特别的雄劲色彩。

◎ 龙虱比赛(顺德区勒流街道黄连居委会供图)

此后，每遇节庆，人们就用平时染整香云纱时所用的椭圆形木桶挥桨竞赛，称为"龙虱"。"龙"字延续龙舟竞渡古风；"虱"则是指小巧木盆。于是，"龙虱"水上竞渡风行黄连。

1950年国庆节期间，为庆祝黄连晒莨工会成立，黄连举办"龙虱"通天埠大赛，当时规模盛大，在北江支流顺德水道的北滘新龙河段放龙，参赛"龙虱"共128只，其中黄连占16只。黄连村民黎志荣获得第八名，奖品为鸭1只、烧酒2瓶。

黄连"龙虱"游艺具有强烈地域特色，它将香云纱的染整技艺与工具、洪拳技艺、龙舟文化传统融汇，不但传承古老的文化精神与传统技艺，也成为龙舟文化的有益延伸与良性拓展。

## 第九节

# 龙舟制作技艺与风俗

自宋代起,顺德人就按照皇家龙舟的样式制作彩龙,民间更制作出大量轻便、紧凑的龙舟。龙舟制作技艺成为乡间重要的传统工艺。而围绕工艺又形成了大量充满意趣的风俗与习惯,构成工艺、风俗、习惯相融合的乡间传统。

根据《顺德区第八批非物质文化遗产代表性项目申请书》中"龙舟制作技艺"的介绍,200多年前,北滘上僚叶氏家族已开始从事造船业,当时就可造大龙舟。100多年前,叶氏后人由上僚迁到盛行斗龙舟的龙江,其造大龙舟的传统技艺在龙江得到淋漓尽致的发挥。整个清代,龙江、龙山、大良、杏坛、九江(今属佛山市南海区)、大沥各乡多向叶氏家族定制龙舟。200多年父子相传,上下传承,到如今,其龙舟制作工艺已成为顺德区非物质文化遗产。

昔日,龙舟用力木制成,长者10余丈,超过30米;短亦五六丈,接近20米。叶氏家族一直潜心制作大龙舟,技精艺深、遵循古制、乘风破浪、所向披靡,深得龙舟好手青睐,成为顺德重要龙舟制作家族。

制作一条龙舟需要22道工序,包括选料、开料、打骨桩、上大榜等。

乡民喜欢使用坤甸木制作龙舟。因坤甸木生长期漫长，质地绵密，木质地硬，耐腐蚀，不惧潮湿，纵然使用超百年，状貌如新。而来自东南亚的坤甸木价格昂贵，运输麻烦，所耗资金非比寻常。因此，打造一条坤甸木龙舟，

◎ 精致的制作是龙首深受欢迎的保证

成为一个家族经济实力非凡的重要标志,也是一个家族兴旺发达的展示。叶氏家族精通坤甸木开料工序,更因木料珍贵,分外珍惜,物尽其用,深得各家族信赖。

不过,他们在开木料前都要焚香祭祀,祷告各方神灵,护佑他们将木头制作成龙舟,以求皆大欢喜。

随后是"打定骨桩"。按照定做的龙舟长度,他们制作一个固定龙舟的木桩架,类似龙舟车床,以备制作。随后是"开线与起龙骨"。制作者根据定做的龙舟长度,在已开料的坤甸木上取出龙骨。一般一条传统龙舟由3块龙骨板拼接而成。

◎ 装夹板(张谭英摄)

龙骨是指龙舟底部从头到尾的一条较厚较窄的坤甸木条，一般是3段衔接。龙骨为全船主骨。其作用是承重，力保龙舟结构的强度，同时扩大龙舟侧面的面积，防止侧风转向，保证龙舟重量稳定，减少龙舟的倾斜或反向转动。

龙骨制作完成后，就要"装底板"，即拼装龙舟底部的木板。底板装好后，他们就"上将军柱"，以收紧龙筋。龙筋就是在两个太公砧间一条与龙骨大小相仿的坤甸木条。它位于龙舟正中，拉紧各个座格的横木。

龙筋与每个座格的横木以藤条紧扎。龙筋也称"龙缆"，分3段，中间有两个活动接头，用于调整龙头、龙尾的翘起幅度。龙筋与龙骨承受着整条龙舟的主要重力。因此，龙筋暗示人们将龙舟视为具有生命力的不凡神物。

"上将军柱"后就是"上大榜"。"大榜"是船身最大的两块模板，"上大榜"后，他们就"装间仓板"，"间仓板"为间隔船仓的挡板。随后，他们开始"装蛇骨"，"蛇骨"就是两条连接大榜与花榜用来钉坐板的小龙筋。然后，他们"上花榜"和"装脚方"。"花榜"是船身最高的船板，"脚方"就是龙舟选手在船仓内用脚踩着借力的木方。此时，龙舟制作基本完成一半工序。

在整个制作过程中，他们每天都焚香点烛，以水酒供奉镇守工场的神明，祈求他们监督整个制作过程是否虔心敬畏。此时，他们开始"装坐板""装夹榜""装旗板"。"坐板"就是龙舟选手所坐的木板，"夹榜"则是接驳花榜夹住的木板，"旗板"则是龙舟的插旗处。

此后，他们"上将军尖"，"将军尖"就是勾住龙筋的两条木方。随后是重要的程序——"装龙筋"。工匠须精心拼装3段龙筋，令龙舟坚实沉稳，

◎ 抛光打磨（张谭英摄）

气脉贯通。龙筋装好后，他们开始"扎龙筋"。工匠昔日以藤条鱼丝捆扎龙筋，如今用铜线扎实。紧接着，他们"开丫壳隼"，"丫壳隼"就是龙头龙尾勾住船身处，功能微妙而重大，不得有丝毫大意，否则牵一发而动全身，前功尽弃。随后是"整龙丫壳"，"龙丫壳"是固定龙头龙尾的两个木壳，通常以樟木或梢木作两侧。

龙舟做成后，工匠又焚香禀告神明，以示顺利完工。仪式结束后，他们开始抛光打磨，令龙舟光滑。随后上桐油灰，在板与板之间的缝隙加固，以防漏水。最后是涂桐油。坤甸木忌阳光暴晒和北风猛吹，故需要涂桐油保养木材。

此外，龙舟还有不同部件，需要制作或购买，如龙角，昔日用真正鹿角制成，现在大多直接购买鹿角。

在龙头、龙尾各有一块面积不大的船面板，开有两个小圆孔。这块面板叫"太公砧",是艄公把舵时的坐板。"太公"二字含义丰富,但都指向男性长者,暗喻出水龙舟为阳性神物。太公暗喻此男性长者为家族血脉的代言人,更是德高望重、指挥若定者,也暗喻龙舟为久藏河涌吸取天地精华后身份高贵庄重的神物。

龙舟尖即楔子,以坤甸木造,用于龙筋中间连接两个接头。嵌入龙舟尖,可以调矫龙筋的松紧程度及龙头、龙尾的翘起幅度。

鼓格是位于龙舟正中近1平方米的船面板,为放置龙舟鼓处,故称"鼓格",敲锣打鼓者需要站在鼓格上。

龙牌多以柏木制作,柏木为树中长寿木,人们多称其为"神木"。昔日,工匠们都制作龙牌,如今由于人手不足,各乡村自行制作龙牌。

◎ 龙舟不同部位功能各异,中间长木条为龙筋,起到收紧龙舟、固定方向的作用

龙牌上书坊名，边沿涂金或红色，底部为绿色。龙牌多插在龙头或龙尾处，作为来源与身份的标志。

龙舟桡以轻而韧的原木制造，绝不可折断，更不许开裂。其使用过程的完整性是龙舟竞渡和文化心理的关键。人们涂上各种颜色，以增添龙舟的光彩夺目。

◎ 龙牌是龙舟的身份证，此为清代龙牌，上有北滘"禄洲吴正会造"字样

◎ 精致的龙牌是龙舟的重要标志（周沕聪摄）

龙舟鼓以杂木、牛皮制造，为龙舟专用。传统龙舟鼓的鼓身制作选料异常讲究，多将粗大的水雍树整段树干的中心掏空制成。如此，则鼓声雄浑响亮，声闻数里。

锣：铜锣，又称"马锣"。锣配合鼓声，号令划手按节奏划动木桡。

罗伞：游龙时使用，为龙舟最华丽夺目的装饰。

神楼：以樟木制成，为镇龙神宝。人们将坊里神灵恭请至龙舟上，以祈求它能保佑龙舟一路顺水、旗开得胜。

一条龙舟制作时间超过两个月。工匠们制作的传统格木大龙舟，多以从东南亚国家进口的优质坤甸木作为材料。龙舟长则30—40米，短则10多米，用于端午、中秋、国庆等节日彩龙巡游和龙舟竞渡。

◎ 上花榜（张谭英摄）

龙舟世家叶家大龙舟制作传统技艺传到第六代，即20世纪30年代至2000年左右，最鼎盛期高达28人从事大龙舟和其他木船的制作。如今叶家已无人传承此项技艺，只传给外甥薛家昌。

薛家昌十二三岁时开始跟他舅舅学造农艇，当木工40多年，1999年进入坦东造船厂[①]随其舅舅造大龙舟，如今已20多年。他已从其舅舅手上全盘接收坦东造船厂的业务，继承叶家的龙舟制作技艺。

---

① 位于顺德区龙江镇，有"龙舟维修4S店"之称。该厂是顺德唯一的传统大龙舟制造集聚点，至今已有约200年的历史，每年都为顺德、南海及珠三角其他地区和香港、澳门、湖南、江西等地制造、维修、翻新各种规格的传统格木大龙舟和符合国际标准的竞赛龙舟。

2016年，薛家昌以独特而精湛的大龙舟制作技艺先后被龙江镇人民政府评为"龙江巧匠"，被顺德区总工会授予"顺德工匠"荣誉称号。龙江职业技术学校组织100多名师生到坦东造船厂参观学习。薛家昌招收本镇青年黄铭昌作为他的第一个学徒。

龙舟下水前，需选择涨潮时分的良辰吉日。制作者将龙头插在龙舟前部的小洞，使得威风凛凛的龙头与沉实厚重的龙舟身合二为一，随后再安装龙尾。此时，原本是一条来自异域的普通坤甸木，经过巧匠精心雕琢，成为一条目光如炬、神采奕奕的龙舟。

◎ 龙船成品（张谭英摄）

终于，它在人们的鞭炮声、锣鼓声、祝福声中隆重诞生。

在浑厚的鼓声中，壮汉们抬起龙舟，由一条小船缓缓牵引，在工匠、龙舟主人、乡民的见证下款款滑入工厂旁的小河中。

同时,刚才抬龙舟的壮汉们纷纷跳上龙舟,找到自己的位置,齐心协力地划起新龙舟。一时间,锣鼓喧天、爆竹震耳,龙舟在人们的祝福中围绕工厂畅游一圈,表达对工匠们的敬意,更宣告民间又孕育出一条神龙乘风破浪、折桂夺冠,护佑族人安顺吉祥。

## 第十节

# 容桂龙舟雕刻技艺

容桂北朝街源于明代，几百年间逐渐发展为手工产品、农产品、日用品生产制作销售汇聚地。19世纪，顺德丝业繁盛，此处成为蚕丝交易运输的重要枢纽，也构成顺德丝业、金融、贸易往来及民用产品、劳动工具制作销售的商业核心区。如今，容桂古老的各种民间工艺、手工制作、商业文化结构仍完好地保存了下来，更存留着民国时期著名人物岑学吕[①]故居，它是认识和了解容桂商业发展历史的重要区域。

20世纪初，容桂人梁锦全开设"锦记木铺"，经营家具雕刻、木构件制作、龙舟雕刻等，经过一个世纪的传承，如今已是第四代。生活在北朝直街21巷的梁明坤，长年精心制作龙舟，其龙舟长短不一、身涂金漆、神采飞扬。16名划手动作一致、形神具备，锣鼓手专注投入，摇龙头者胜券在握，罗伞华美。插上电源，龙舟小调悠然响起，16名划手按节奏划船，龙头左右摇摆，不时喷出水柱，令人赞叹。如今，梁明坤家旁小屋已成小型龙舟博物馆，各种龙舟模型精彩纷呈，成为顺德龙舟制作与展示的重要空间。

---

① 顺德人，生于1882年，系《虚云和尚年谱》的编撰者，佛名"宽贤"，于1963年去世。

◎ 潜心传播龙舟文化的梁明坤先生（顺德区容桂街道朝阳社区供图）

## 第十一节

# 勒流富裕非遗龙舟仔

清末,勒流镇富裕村人苏奋富已是村中制作龙舟的木匠。其子苏锡湖承父业,精心制作龙舟,拜勒流镇冲鹤村老木匠为师,制作龙舟,同时,以修补旧龙舟、制作草艇、修理水车、打造家具、维护古庙旧祠为生。他

◎ 精巧细致的小龙舟成为传承龙舟制作技艺、进入文化市场的全新探索

一直潜心制作龙舟，技艺精湛，名扬水乡。长期以来，他对制作龙舟的着迷与追求深深地影响到其子苏权兴。苏权兴深爱龙舟的神采与内在神韵，常带领顺德青年商界才俊挥桨破浪、纵横河涌，以传承龙舟精神。一家人对龙舟文化的深沉感情，使苏权兴的女儿苏海明深受熏陶。她从英国留学回来后开始潜心研究制作龙舟。她严格按照大龙舟的比例不断缩小尺寸，最终定位为可双手掬捧安置于办公桌上的尺寸。

此后多年，她以顺德女子的细腻、在国外留学的心得和长辈对龙舟的理解，精心制作小龙舟。经她双手制作的小龙舟，龙头神采飞扬、龙尾高翘有力、龙身精雕细琢，罗伞华丽、彩幡飘扬、龙牌精美、龙旗红艳，充满喜庆吉祥意味，表现出一股迎难而上的上进精神，将水上龙舟的神采与现代工艺的精致相融合，深得企业界、年轻人喜爱。她常为学生和龙舟爱好者提供罗伞、龙旗制作辅导，积极推进龙舟风俗与文化走进学校、社区，以新兴模式传播龙舟文化。如今，苏权兴在推动顺德各种古老艺术、工艺的同时，与女儿苏海明合力，将古老的龙舟风俗与当代市场需求紧密融合，尝试以现代视角推动传统龙舟文化的传播。

## 陆地龙舞

千百年来,水中毒蛇、鳄鱼一直是顺德人深感恐惧的威胁。他们想方设法远离祸害,制作各种图腾,祈祷它们护佑自己安全无虞。于是,信仰水中的各种神明与龙母。

◎ 人龙舞表达人们对神龙的敬畏和对生活的珍视(顺德区杏坛镇宣传文体旅游办公室供图)

在陆地，人们编排各种以神龙为主体的舞蹈，祈求远离邪魅、迎吉纳祥。金银龙舞、草龙舞、火龙舞、板凳龙舞等精彩斑斓，而人龙舞更精彩纷呈。由50多名少年组成龙身，在壮汉的肩头上构成龙头、龙身、龙嘴、龙尾、龙趸等不同部位，形成神龙的各种形状，或吞云吐雾，或蓄势待发，或飞龙入天，雄奇猛峻、灵活敏捷、含蓄优雅，融合神龙的威武刚劲与水乡民众的灵气聪颖，充满水乡独有的人性与神性相融合后的柔美与刚峻。人龙舞与龙舟竞渡、彩龙竞艳构成水陆相融、彼此呼应的龙舟民俗延伸。

◎ 演奏锣鼓柜常常是端午期间重要的助兴节目

## 第十三节

## 龙舟说唱

龙舟说唱是神龙崇拜的一种特殊的艺术形式。它从固定的神灵敬拜，经龙舟说唱者的带动，变成流动、不确定但更深入巷道家门、更受民众欢迎的祈福性说唱艺术。它与龙舟竞渡、彩龙竞艳、人龙舞构成水上、陆地、街巷完整的三元结构，填满人们活动与祈祷的所有空间，令人们生活、劳作、娱乐于神龙的全方位护佑中。龙舟说唱者均为男性。他们肩扛木雕龙舟，手持

◎ 龙舟说唱（顺德区杏坛镇宣传文体旅游办公室供图）

◎ 龙舟说唱已成为国家级非物质文化遗产（顺德区博物馆供图）

龙舟鼓与龙舟锣，操一口古老顺德话[①]，在春节期间沿街卖唱，以粗犷古拙的唱腔道出充满吉庆的歌词，锣鼓铿锵、歌词吉祥。他们有时一口气密集说出一连串吉祥话语，有时忽然停顿，锣鼓猛敲，引人注目。其表演朴实无华、随机应变、出口成章、顺手拈来，每句话都说到主人心坎处，深受欢迎，成为龙舟竞渡风俗的独特延伸，也是古老行吟艺术的当代遗存。这些龙舟说唱者往往在彩龙竞艳时应邀在龙舟上高歌一曲，引得民众纷纷驻足聆听。2006年，龙舟说唱被列入第一批国家级非物质文化遗产名录。

---

[①] 一般认为顺德本地话属于粤语中的粤海片，与公认的粤语标准音广州话在语音上有明显的差异。

## 第四章

# 地方精神

## 第一节

# 龙舟风俗特点

昔日由不同河流水道分割为 10 个区域的顺德，彼此相隔、相对封闭，比较完好地保存着自古以来存留的各种古老民俗与传统，只有水上行走的小舟，经埠头、渡口、堤坝将各镇街乡村缓缓连接。正是这些诞生于古老村庄的小舟，承载着生活、劳作、祭祀、娱乐等功能，通过后来的龙舟竞渡与彩龙竞艳，传承古时人们对河涌、大海、河神、天地的敬畏心理，日益丰富古人力求摆脱与远离疾病、厄运、困顿、迷茫、无望的传统祈福模式。同时，不断增添的各种竞技、饮宴、奖品、娱乐，折射出他们力求通过各种集体狂欢去冲淡自古以来渗透在龙舟身上的淡淡哀愁，体现出他们对吉祥、快乐、和美、圆满的生活直白而热切的追求，以及强烈而奔放的表达。

日久天长，他们将这些古老风俗和文化心理融进龙舟中，化作威武的龙头、高翘的龙尾、笔挺的龙身、神秘的符号、庄严的神楼、华丽的罗伞，也化作河道上的守护神、埠头前的土地、转折处的神明。同时，他们将长年积累的历史痕迹、人文精神及对自然和世界的理解融进龙舟风俗中，通过龙舟回溯古时苍茫大海上飞桨破浪的木舟、祭祀河神时的敬畏恭顺、龙舟竞渡时的奋勇争先、彩龙竞艳时的雍容华贵，成为融合古越文化、中原礼制、南北

◎ 龙舟寄托着人们各种美好期盼（顺德龙舟俱乐部供图）

融合风俗的活态载体，可谓"一条小龙舟，阅尽三千年"。

　　从明代开始，顺德人通过龙舟竞渡和彩龙竞艳，悉心传承古老风俗，将同舟共济、齐心协力的文化精神融进奋勇争先与媲美斗艳内，不再停留在相对静态和功能单一的祭祀与祝祷中，而是通过彼此联手合作，突破充满距离感与模糊感的人神间的隔阂，最终实现自我能力的超越，获得大众同欢的集体愿望。他们通过合作的成果，不断克服大自然神秘莫测的威胁、水中蛇鳄

◎ 龙舟是顺德人流动的图腾

◎ 大良大门的帅府百年老龙，每年都会在村中河中游弋，为村民带来吉祥（顺德区大良街道大门居委会供图）

第四章 | 地方精神

◎ 龙舟竞渡风俗是凝聚乡村力量的重要枢纽（周汭聪摄）

的伤害与能力不足导致的失败，最终以技术的进步、经验的积累与合作的成果，不断超越昔日祈祷中的高远目标，迎来更广阔的人生空间与更明媚的生命碧空。这正是龙舟竞渡与彩龙竞艳最具价值的文化力量。

作为龙舟重要的诞生地，顺德自明代开始就以飞舟夺胜、技压群龙、华丽龙舟名播水乡，在数百年的积累中形成娴熟的竞技经验和层次丰富的民俗结构，如独具特色的起龙、藏龙、罗伞、神楼、神符、鼓乐及由此衍生的龙舟说唱、锣鼓柜、龙舟狮舞、龙舟制作、龙船饭、神龙崇拜等，最终构成内涵丰富且突破血缘壁垒的乡村大型水陆狂欢活动。

人们通过龙舟竞渡与彩龙竞艳，实现文化、风俗、信息、资金的大融合与有效整合，令大量古老风俗与民间传统因资金和资源的汇入而得到保存与弘扬。同时，在社会资本与资源的良性引导下，构成既能保存传统风俗精髓，又可贴近市场、产生新产业，更能引导人们通过一条龙舟形成"万众一心、奋力向前"的地方风俗与力量，推动龙舟文化不断突破地域与时间的限制，与当代文化相融合，令顺德成为既有时代特色又积淀深厚的龙舟风俗重要区域。

◎ 各种民俗融入龙舟竞渡活动中，催生大量民间艺术（周汭聪摄）

## 第二节

# 龙舟风俗与顺德文化

顺德人在龙舟活动中谨慎而完整地保存着古老风俗中对上天、大地、河涌的敬畏，存留着对神明、先祖、长辈、亲朋的崇敬与珍惜。因此，他们从大自然中画出一条经线，从血脉中拉出一条纬线，经纬线相交处构成天地间的自我与内心，令他们形成敬天畏地、崇神尚祖的古老风俗与道德清规。顺

◎ 龙舟竞渡不断丰富着顺德的文化与精神（顺德龙舟俱乐部供图）

◎ 龙舟体现出顺德深厚的传统文化积淀（周汭聪摄）

德人更依循师长亲朋指引，汇成自觉且严谨的地方风俗习惯，提醒他们自己进不逾规、退不破矩，极高明而道中庸，致广大而尽精微。因此，龙舟风俗与文化一方面表现为群龙腾跃的赛龙夺锦、你争我夺的"转氽"、争奇斗艳的趁景，以及锣鼓喧天、奔走呼号；另一方面表现为顺德人内心深处仍坚守传统规矩，从未逾越任何乡间旧例。可以说，这是一种喧闹而热烈、欢腾而有序、进取而不忘回眸的龙舟风俗与文化。

夺标是龙舟比赛的第一要务，因此，划手们在训练过程中无所不用其极，其目的就是获得极致的成效。日久天长，顺德人通过龙舟竞赛，形成自我突破、超越极限、达致无限的人生理念，其中的完美主义构成龙舟精神的核心。精神核心的获得就是一丝不苟地完善细节与协同共进的合作精神。三个内在的元素构成顺德龙舟文化的要旨。而这三个要旨汇成无所不催的锐气与一往无前的自信，成为根植于乡间、融汇于民间、升腾于城乡的地方文化。那就是充满朝气的进取精神、无坚不摧的坚韧意志、更上一层楼的完美主义、大魁天下的状元文化、和而不同的包容襟怀与各展其能的管理体系，实现个人价值与团队力量的最大化，最终构成顺德文化的独有特色。

## 第三节

# 龙舟文化与顺德发展

## 一、龙舟文化与顺德饮食

龙舟竞渡与彩龙竞艳形成的五月盛大活动,直接催生出以"龙船饭"为代表的餐饮产业及大批厨师。

> 顺德乡村深处的饮灯酒、生菜会、新春大席、寿婚宴、龙船饭、入伙酒、敬老宴等,超百桌的大型乡间盛宴,是乡间厨师经营生计与打造名声千载难逢的机缘,锤炼出他们在烹调技艺、管理沟通、财务筹算、物流调配、待客等方面的独特风格。他们大多从孤军作战的乡间开始,逐渐招兵买马,结盟组队,再分工合作,运筹帷幄,磨砺多年,渐成乡间名厨。从最底层一路稳扎稳打的他们,既能垒石作灶、精挑物料、掌勺挥刀,又可号令团队、科学配合、远悦近来。一身多用的他们,成为顺德近现代饮食产业转型的中流砥柱。①

一年一度的龙舟盛宴是打破家庭各自为政的有效融合。人们在觥筹交错中达成商业、农业、手工业、生活上的各种合作。平整的地堂见证了连场大戏的高潮迭起与宴席的曲终人散,以及漫长而沉闷的劳作季节。

---

① 李健明:《厨坛荟萃:顺德》,世界图书出版广东有限公司,2021年,第5页。

所有这些，都成为顺德经济、文化、精神的重要推动力。

## 二、龙舟文化与顺德造船业

龙舟制作的工匠们大多都精通船只制造，故顺德龙舟文化的发展与顺德的造船业密不可分。

明代，黄萧养起义，号称"战船千艘"，可见当时顺德船业发达。清光绪年间（1875—1908），容奇镇二阜涌一带有万隆船厂等3家，龙江镇有制艇业10多家。

民国时期，顺德各区有船艇修造业数十家。这些手工作坊式的船艇工场生产规模不大，却成为顺德经济发展的重要工具制作原点。

1953年，全顺德造船业有167家，从业人员400余人。1955年底，大良镇、勒流镇最早组建船艇生产合作社。1958年，在沙头组成地方国营顺德造船厂，后成为顺德规模最大的造船厂。

20世纪70年代中期，因木材供应紧张，木艇生产不足，农用小艇供不应求，顺德二轻造船厂即原勒流公社造船厂开始批量生产水泥船。1977年秋，顺德开展"农用水泥船大会战"，历时两年半。

1978—1979年，顺德共生产水泥船3000余艘，木农艇5704艘。产品除销本县外，还销往本省各地水乡，成为不可低估的制造产业。

划手与龙舟制作工匠成为顺德经济发展的一股不为人知的力量。精壮的划手成为水上运输行业的主力。特别是在清末民初，每天往来广州和顺德的生丝货艇上，精通水性、臂力强劲、沉着勇敢、不畏艰辛的划手成为最为抢手的主要力量。薛广森、梁墨缘发明柴油机后，机动船只的加入令顺德水运成为岭南海运主力，有力推动顺德经济从近代走向现代。行走船上的大多仍是精明强壮的划手，他们通过货轮的远行，不断突破区域与技术的限制，不断拓展顺德早期的水运产业边界，构成庞大而系统的水陆运输体系，成为海上贸易主力。

## 第四节
# 龙舟精神的当代价值

顺德龙舟精神的核心是"各展其能、协同合作、事不避难、力争第一"。"各展其能"就是让每位成员都成为自己空间中的能手。无论是鼓手还是舵手,划手还是舀水小孩,都将自己锤炼为一个领域的技术行家,都能发

◎ 龙舟文化形成"各展其能、协同合作、事不避难、力争第一"的顺德龙舟精神(顺德区勒流街道龙眼村民委员会供图)

挥出不可替代的作用。

"协同合作"就是所有高手汇聚在一个逼仄的空间中,彼此在折中与权衡中寻找到共同合力,形成整条龙舟的最佳结合点。其中的通力合作与自我牺牲精神,成为龙舟竞赛夺冠的要义。因此,合作能力是当今顺德文化的要素。

"事不避难"是在高手如林的有限空间中从不退缩与迟疑,勇往直前,将困难分解为每个细节,以最专业的方式去解决每个细节难点,化难为易、化整为零,获得最快速度的高效处理。

"力争第一"是龙舟精神的核心,也是不断推动顺德挺进前行的龙舟精神。在当今顺德力破重围的大势中,龙舟文化中的进取精神与合作能力,是人们能否进入当今国际大循环与残酷竞争系统的要义,也是当今顺德继往开来、更上一层楼的重要文化支撑与不断获得文化自信的源头。

◎ 龙舟文化成为地方文化重要源头,更衍生出丰富而充满活力的各种产业(顺德龙舟俱乐部供图)

# 参考文献

[1] 李健明. 龙眼点睛文化解读 [M]. 广州：世界图书出版广东有限公司，2020.

[2] 李健明. 厨坛荟萃：顺德 [M]. 广州：世界图书出版广东有限公司，2021.

[3] 曾应枫. 龙舟竞渡——端午赛龙舟 [M]. 广州：广东教育出版社，2013.

[4] 周文，李健明. 顺德水乡文化研究 [M]. 广州：广东人民出版社，2021.

[5] 林友标，章舜娇. 龙舟 [M]. 广州：暨南大学出版社，2018.

# 后　记

　　顺德龙舟声名在外。人们常在龙舟竞渡的过程中强烈感受到顺德独特的文化精神。如何从地方风俗的角度去解读和展现顺德龙舟文化，成为我们一直深感兴趣的话题。

　　2021年下半年，顺德区文化广电旅游体育局为我们提供了一个编写有关龙舟风俗与文化的书籍的机会。我们深受鼓舞，立即开始走进乡村调研。越是走进水乡深处，我们越是觉得龙舟风俗与文化和顺德人的劳作、生活、精神寄托早已融为一体。在乡民心目中，他们与龙舟难分彼此，一切的生活、劳作与祭祀、餐饮，以及各种风俗、乡规、产业，都无法绕开龙舟。

　　因此，我们走进连杜，探访龙舟宴的制作者；我们走进乐从龙舟训练基地，了解其日常训练与运作经营；我们走进龙眼村，详细了解点睛过程的所有细节。因此，本书是一本龙舟风俗乡村调研情况荟萃。同时，我们参考了大量研究龙舟风俗的论文，从人类学、民俗学、经济学的角度深入剖析每种风俗背后的内涵，求得更切实而精准的认知。于是，集腋成裘，渐成一书。

　　在整个调研过程中，乐从龙舟俱乐部乐从龙舟队领队劳剑辉先生为我们提供大量珍贵的文献与图片，在此表示感谢。顺德龙舟运动的重要奠基人郑家润先生介绍其人生经历，为我们了解龙舟发展提供生动而深刻的理解背景，在此特致谢意。勒流街道富裕村的苏海明女士修改了本书相关的文字，还提供了珍贵图片，在此特致谢意。中国龙舟协会技术代表魏伟先生、中山大学张骁鸣教授、顺德职业技术学院黄秋芬老师、顺德区文筑社企书店胡丽敏小姐专业而细致的修改；清晖园博物馆副馆长张凤娟女士的严格审读及修改，令本书更臻完善，在此特致谢忱。郑志萍女士为本书提供众多珍贵的图片，令本书更充满历史感，特此致谢。本书关于龙舟制作的过程参考了顺德区第八批非遗代表性项目申请书中关于龙江龙舟制作的资料，特此向提供资料的张谭英、邓湛邦两位先生致谢。

　　本书能够出版，实属不易。我们力求精确，但能力有限，书中如有错漏之处，敬请各位读者不吝赐教。

编　者

2023年5月18日